澄观治库文丛

精准之治

行政审批制度改革中的成本收益分析研究

金成波◎著

·北京·
国家行政学院出版社
NATIONAL ACADEMY OF GOVERNANCE PRESS

图书在版编目（CIP）数据

精准之治：行政审批制度改革中的成本收益分析研究 / 金成波著．—北京：国家行政学院出版社，2022.8
（澄观治库文丛）
ISBN 978-7-5150-2698-5

Ⅰ.①精… Ⅱ.①金… Ⅲ.①行政管理—政治体制改革—成本—效益分析—研究—中国 Ⅳ.①D63

中国版本图书馆 CIP 数据核字（2022）第 128016 号

书　　名	精准之治：行政审批制度改革中的成本收益分析研究 JINGZHUN ZHI ZHI：XINGZHENG SHENPI ZHIDU GAIGE ZHONG DE CHENGBEN SHOUYI FENXI YANJIU
作　　者	金成波　著
责任编辑	王　莹　孔令慧
出版发行	国家行政学院出版社 （北京市海淀区长春桥路 6 号　100089）
综 合 办	（010）68928903
发 行 部	（010）68928866
经　　销	新华书店
印　　刷	北京中献拓方科技发展有限公司
版　　次	2022 年 8 月北京第 1 版
印　　次	2022 年 8 月北京第 1 次印刷
开　　本	170 毫米×240 毫米　16 开
印　　张	10.25
字　　数	165 千字
定　　价	40.00 元

序言一

改革开放40多年，立法工作和改革开放是相伴而生的。立法与改革的关系是一个老生常谈的话题，为什么要处理这两者之间的关系？因为它们是一对矛盾。立法是把稳定的、成熟的社会关系上升为法，把社会关系用法的形式固定下来，它追求的是稳定性。所以，立法的特点是“定”。改革恰恰是对原来定下的但不适应经济社会发展的制度、做法进行变革，是制度自我完善的一个手段。所以，改革的特点是“变”。用“定”的立法来适应“变”的改革，可以说是改革开放40多年立法工作中的一条主线。这其中经历了“先改革后立法”“边改革边立法”，到“凡属重大改革必须于法有据”几个阶段。每个阶段在处理立法与改革关系的时候又有不同的特点，比如从立法“有比没有好”“快搞比慢搞好”“宜粗不宜细”，到“能明确的尽量明确、能具体的尽量具体”等。

经过40多年的努力，中国特色社会主义法律体系已经形成并且不断地完善，我们国家经济、政治、文化、社会以及生态文明建设各个方面都实现了有法可依，特别是我国的立法在总结实践经验的基础上不断地精细化，增加可操作性。立法的内容越来越具体，也越来越全面。在当前全面改革开放和全面依法治国同时推进的新形势下，立法与改革的关系又有了新的时代特点。

这个新的时代特点就是立法要发挥引领和推动作用，使改革和立法相互促进、相得益彰。这就要求我们按照协调推进“四个全面”战略布局的要求，加强和改进新形势下的立法工作，以良法促进改革。

深化行政体制改革，是全面深化改革的题中之义，而行政审批制度改革，则是全面深化行政体制改革的突破口。当前，我国行政审批制度改革已经进入深水区，要按照及时跟进、审慎稳妥的原则，通过积极推动立法、修法来指明行政审批制度改革方向，确保行政审批制度改革稳步推进。行政审批成本收益分析是一项非常有价值的制度，应该探讨通过更加明确的立法让它迸发出制度活力。成波同志的《精准之治——行政审批制度改革中的成本收益分析研究》一书是对行政审批制度改革中成本收益分析机制的一个积极探索，期待学界未来能够以此为起点，加大力气对该项机制进行深入研究，也期待立法部门能够关注到该项机制，积极推动相关立法，发挥好立法对于行政审批制度改革的引领作用。

乔晓阳

全国人大法律委员会原主任委员

序言二

“精准”一词屡屡见诸习近平总书记的重要讲话。党的十八大以来，习近平总书记创造性地提出“精准监管”“精准把握系统性风险”“精准扶贫”“精准防控”“精准问责”等重要概念和指导方针。2015 年 11 月，在中央扶贫开发工作会议上，习近平总书记提出了“精准施策”，他指出，必须在精准施策上出实招、在精准推进上下实功、在精准落地上见实效。可见，精准施策不仅体现在脱贫攻坚上，还体现在对其他各项工作的指导上。精准施策强调具体问题具体分析，体现了实事求是、理论联系实际的思想精髓，遵循了抓主要矛盾和矛盾主要方面的辩证思维方法。这种精准思维已成为指导“十四五”时期高质量发展、指导全面建设社会主义现代化国家的重要思想方法和工作方法。

精准治理是行政法治的重要价值追求。作为公法的“帝王原则”，比例原则便蕴含着精准治理的意涵。比例原则要求，行政机关实施行政行为应兼顾行政目标的实现和相对人的权益保护，如若为了实现行政目标需要损害相对人的权益，那么必须把这种损害控制到最小，保持二者的适度比例。由此，行政机关实施的行政行为必须精准，唯有精准才能够符合比例原则要求“最小侵害”的严格标准和“法益均衡”的目标追求。习近平总书记在 2022 年 3

月 17 日主持召开的中央政治局常委会会议上强调，要“采取更加有效措施，努力用最小的代价实现最大的防控效果”。这就是对“精准防控”最经典的学术表述，其背后的法理就是要用好比例原则。

行政审批作为最重要的行政行为之一，必须依循精准治理的理念推进改革。成本收益分析是一项在经济学中广泛应用的数学方法，而数学素以精确严密著称。对行政审批进行成本收益分析是一条较为新颖但务实管用的精准治理路径。对于行政审批事项的新设、取消、调整和下放进行成本收益分析，不但有助于当前“减量提速”的有效推进，更有助于未来将整个行政审批事项的变动纳入更为科学的轨道。成波的新著《精准之治——行政审批制度改革中的成本收益分析研究》，在深入分析我国行政审批制度改革的突出问题基础上，提出成本收益分析的引入是行政审批制度改革重构的重要路径，进而从适用范围、制度框架以及运行程序等几个方面对行政审批的成本收益分析进行了制度设计，这一研究精准地抓住了当下相关领域研究的问题实质，对于进一步深化行政审批制度改革具有重要的理论指导意义和实践价值。全书体现着作者的“精准之思”，也期待本书的出版能够推动行政审批的“精准之治”。

中央党校（国家行政学院）政治和法律教研部主任

目　录

第一章

当前我国行政审批制度改革的突出问题及原因分析

行政审批制度是国家干预社会经济发展的重要手段之一，也是政府履行职能的一种重要形式。从实际的历史发展过程来看，我国的行政审批制度是在计划经济解体、市场经济确立过程中出现的。随着计划经济的逐步解体，直接的行政命令及行政指导的管制方式越来越不适应经济社会的发展需要，因而直接的行政命令及行政指导手段开始弱化，转而寻求行政审批来干预经济社会发展，履行政府职能。[①] 但改革开放进程的加快以及社会主义市场经济体制的确立使得行政审批制度的弊端也日益显现：一方面造成政府与市场的边界不清，政府存在越位、缺位、不到位的现象，不该管的管太多，该管的没有管好，从而阻碍了市场经济主体的平等竞争和自由决策，限制经济社会的创造活力；另一方面也导致政府部门变相设置行政审批事项，增加行政审批环节来谋求部门利益及个人利益，极大地降低了政府的执行力和公信力。在建立社会主义市场经济体制、建设法治国家的战略目标下，加快政府职能转变，依法推进行政审批制度改革已然成为社会各界的共识与迫切要求。[②] 自20世纪90年代以来，一些地方政府开始探索对行政审批制度进行改革，并取得了明显的成效。到了2001年，中央层面开始实质推进行政审批制度改革。

---

① 张康之：《行政审批制度改革：政府从管制走向服务》，《理论与改革》2003年第6期。

② 唐亚林、朱春：《2001年以来中央政府行政审批制度改革的基本经验与优化路径》，《理论探讨》2014年第5期。

行政审批，是指行政审批机关（包括有行政审批权的其他组织）根据自然人、法人或者其他组织依法提出的申请，经依法审查，准予其从事特定活动、认可其资格资质、确认特定民事关系或者特定民事权利能力和行为能力的行为。[①] 行政审批制度也就是与这些行为相关的规章制度的总称，其内容主要包括行政审批的设定权限、设定范围、实施机关、实施程序、监督和审批责任等。行政审批制度改革既要减少不必要的审批项目，还应调整行政审批的权限、减少环节、规范程序、提高效率、强化服务、加强监管、明确责任，建立结构合理、配置科学、程序严密、制约有效且与社会主义市场经济体制相适应的行政审批制度。[②] 从而通过行政审批制度改革，促进政府职能转变；约束和规范行政行为；推动公开、公正、公平的社会主义市场经济的发展；履行我国加入世界贸易组织后所作的承诺，进一步扩大对外开放；从源头上预防和治理腐败，消除滋生腐败的土壤和条件。[③]

第一节　历次行政审批制度改革回顾

行政审批是现代政府干预市场经济和管理社会的普遍形式，只要存在着政府对市场的干预和对社会的管理，行政审批就是必不可少的。国外的行政审批是为弥补市场经济的外部性和降低交易成本而出现和发展的，并且这些纳入行政审批范围的事项一旦找到外部性问题内部化的途径就会放弃行政审批。比如，对环境污染源的控制，因为有外部性问题，无法通过其他的手段予以解决，只能通过行政审批，就是实施排污权交易制度。政府只要作出这项制度安排，实施排污总量控制，至于具体的某个企业怎样排污以及排污数量怎样，都可以自行地通过交易活动来加以解决。[④] 国外的行政审批是出于弥补市场失灵的需要，是政府规制的一种补充手段。中国的行政审批制度并

---

① 参见《关于印发〈关于贯彻行政审批制度改革的五项原则需要把握的几个问题〉的通知》。

② 参见《关于印发〈关于贯彻行政审批制度改革的五项原则需要把握的几个问题〉的通知》。

③ 鲍静：《适应完善社会主义市场经济体制的要求 进一步推进行政审批制度改革——国务院行政审批制度改革工作领导小组办公室主任李玉赋接受本刊专访》，《中国行政管理》2004 年第 1 期。

④ 张康之：《行政审批制度改革：政府从管制走向服务》，《理论与改革》2003 年第 6 期。

非是出于弥补市场失灵的需要，相反，最初它的产生与市场没有关系，它建立在“政府万能”或者说“全能主义政府”的认识论基础上。[①] 我国中央层面的行政审批制度改革肇始于 2001 年国务院行政审批改革工作领导小组的成立，至今已经超过 20 年。回顾行政审批制度改革的历程，能够让我们更加清晰地理解改革的动因和意义。

一、行政审批制度改革的演进

我国行政审批制度改革，在不同时期有不同的特点，以代表性的政策文件或法律法规的出台为时间节点，根据行政审批制度改革的特征和进程，可以将我国行政审批制度改革大致划分为以下三个阶段。

第一阶段：2001 年至 2004 年。2001 年 9 月国务院设立行政审批改革工作领导小组，于监察部之下设立国务院行政审批制度改革工作领导小组办公室（以下简称国务院审改办），并于同年出台《关于行政审批治理制度改革工作的实施意见》作为全国行政审批制度改革的指导性文件。2002 年党的十六大首次将“减少和规范行政审批”写入报告，2003 年开展了第二批取消和调整行政审批项目，2004 年开展了第三批取消和调整行政审批项目。这一时期，中央政府共进行了三轮行政审批制度改革，旨在改变行政审批事项过多、过滥的问题。这一阶段，三轮行政审批制度改革取消、调整和下放行政审批事项共 1772 项。其中 2002 年取消 789 项；2003 年取消 406 项，改变管理方式 82 项；2004 年取消 409 项，改变管理方式 39 项，下放 47 项。这一阶段的改革动因主要是适应计划经济向市场经济管理的转变需要以及加入世界贸易组织后适应世贸规则的需要。一方面，大量审批事项的存在剥夺了市场主体的自由决策权，挤压了市场主体的生存空间，成为阻碍市场经济发展的主要因素之一，并且为寻租性腐败提供了条件，所以，行政审批制度改革的推进是加快建立社会主义市场经济的必然要求；另一方面，加入世界贸易组织要求我们的市场与国际接轨，我国的企业要与国际接轨，要求我们要建立与世

---

① 唐亚林、朱春：《2001 年以来中央政府行政审批制度改革的基本经验与优化路径》，《理论探讨》2014 年第 5 期。

界贸易组织良性互动的审批制度。

第二阶段：2005年至2012年底。2004年7月1日，《中华人民共和国行政许可法》（以下简称《行政许可法》）颁布，这一法律的颁布标志着行政审批制度改革正式步入法制化、规范化的轨道。2007年党的十七大报告指出“加快行政管理体制改革，减少和规范行政审批，建设服务型政府”，2008年国务院办公厅印发《关于深入推进行政审批制度改革的意见》，其中部署了两点重要工作：一是妥善调整国务院机构改革中涉及的行政审批事项；二是编制并公布保留的行政审批事项目录，力促中央政府各部门积极推进行政审批制度改革。在此阶段，共进行了三轮行政审批制度改革，取消、调整和下放行政审批事项共684项。其中2007年取消行政审批事项128项，下放29项，改变管理方式8项，合并21项；2010年取消113项，下放71项；2012年取消171项，调整143项。这一阶段的改革动因主要是完善社会主义市场经济的需要。一方面，市场经济是自主配置资源的经济，只有让市场在资源配置中起基础性作用才能发挥市场的效率与竞争激励的作用；另一方面，市场经济的运行要求政府依法行政、依法管理。因而，完善社会主义市场经济体制既要求政府减少审批，还权于市场，也要求政府的行政审批要依法设置、依法审批、依法接受监督。

第三阶段：2013年至今。2013年以来，新一届政府以行政审批制度改革为抓手继续推进简政放权，转变政府职能。2013年出台的《国务院机构改革和职能转变方案》中提出，“减少和下放投资审批事项、生产经营活动审批事项，减少资质资格许可和认定，减少专项转移支付和收费，减少部门职能交叉和分散，改革工商登记制度，改革社会组织管理制度”。之后相继发布文件（见表1）下大力气取消和下放行政审批事项，同时启动清理非行政许可审批事项，以最大限度减少政府对企业经营的干预，最大限度缩减政府审批范围，增强简政放权的针对性、协同性，规划政府与市场社会的权责边界。此外，将国务院审改办设在中央机构编制委员会办公室（以下简称中编办）之下，把国务院行政审批制度改革工作的牵头单位由监察部调整为中编办，从而增强了牵头单位的独立性、整体性和协调性。在此阶段共进行了12轮行政审批制度改革，取消或下放行政审批等事项共765项。这一阶段的行政审批制度改革进入新阶段，改革的主要动因来自以下两个方面：其一，党的十八届三中全会通过的《中共中央关于全面深化改革若干重大问题的决定》对市场的地位和作用进行了重新定位。之前的“基础性作用”意味着在某些领域，政府可能代替市场来主导资源的配置，但“使市场在资源配置中起决定性作用”意味着市场作为“看不见的手”将在资源配置过程中发挥更为主要的作用，这就要求为市场减压，为企业解负，释放市场社会活力。① 其二，全面推进行政审批制度纵深改革是转变政府职能，明晰政府与市场、社会边界，更好发挥政府作用，建立有限、有效政府的需要。只有建立有限政府，控制政府权力，才能保障市场在资源配置中起决定性作用；只有建立有效政府，更好发挥政府作用，才能为社会主义市场经济的运行提供保障和支撑。

表1　2001年至2022年5月我国行政审批制度改革的数量统计②

年份	文件名	取消数量（项/类）	调整数量（项/类）	下放数量（项/类）	共计（项/类）
2002	《国务院关于取消第一批行政审批项目的决定》	789	0	0	789
2003	《国务院关于取消第二批行政审批项目和改变一批行政审批项目管理方式的决定》	406	82	0	488
2004	《国务院关于第三批取消和调整行政审批项目的决定》	409	39	47	495
2007	《国务院关于第四批取消和调整行政审批项目的决定》	128	58	0	186
2010	《国务院关于第五批取消和下放管理层级行政审批项目的决定》	113	0	71	184
2012	《国务院关于第六批取消和调整行政审批项目的决定》	171	143	0	314
2013	《国务院关于取消和下放一批行政审批项目等事项的决定》	71	0	20	91
	《国务院关于取消和下放50项行政审批项目等事项的决定》	21	0	8	29
	《国务院关于取消和下放一批行政审批项目的决定》	53	0	29	82
2014	《国务院关于取消和下放一批行政审批项目的决定》	59	0	23	82
	《国务院关于取消和调整一批行政审批项目等事项的决定》	37	0	16	53
	《国务院关于取消和调整一批行政审批项目等事项的决定》	41	0	17	58

① 《关键领域的关键突破——透视十八届三中全会传递出的改革信息》，《解放军报》2013年11月15日。

② 参见中央人民政府官网，http：//www.gov.cn/zhengce/xxgk/index.htm。

（续表）

年份	文件名	取消数量（项/类）	调整数量（项/类）	下放数量（项/类）	共计（项/类）
2015	《国务院关于取消和调整一批行政审批项目等事项的决定》	76	0	18	94
	《国务院关于取消非行政许可审批事项的决定》	49	84	0	133
	《国务院关于第一批取消 62 项中央指定地方实施行政审批事项的决定》	62	0	0	62
2016	《国务院关于第二批取消 152 项中央指定地方实施行政审批事项的决定》	152	0	0	152
	《国务院关于取消 13 项国务院部门行政许可事项的决定》	13	0	0	13
	《国务院关于印发清理规范投资项目报建审批事项实施方案的通知》	0	65	0	65
	《国务院关于取消一批职业资格许可和认定事项的决定》	114	1	0	115
2017	《国务院关于第三批取消中央指定地方实施行政许可事项的决定》	39	14	0	53
	《国务院关于第三批清理规范国务院部门行政审批中介服务事项的决定》	17	3	0	20
	《国务院关于进一步削减工商登记前置审批事项的决定》	0	8	0	8
	《国务院关于调整工业产品生产许可证管理目录和试行简化审批程序的决定》	19	3	8	30
	《国务院关于取消一批行政许可事项的决定》	52	23	0	75
2018	《国务院关于取消一批行政许可等事项的决定》	11	6	0	17
	《国务院关于进一步压减工业产品生产许可证管理目录和简化审批程序的决定》	14	0	4	18
2019	《国务院关于取消和下放一批行政许可事项的决定》	25	5	6	36
	《国务院关于调整工业产品生产许可证管理目录加强事中事后监管的决定》	13	2	0	15
2020	《国务院关于取消和下放一批行政许可事项的决定》	29	20	4	53
共计	—	2983	556	271	3810

综上，2001 年以来，中央政府行政审批制度改革的发展历程经历了从取消或调整过多、过滥的行政审批事项，到推进行政审批制度的法制化建设，再到厘清政府、市场与社会三方边界的过渡。经过这 20 多年的改革与发展，

市场在资源配置中发挥决定性作用，同时更好地发挥政府作用，破除制约企业和群众办事创业的体制机制障碍，着力降低制度性交易成本，优化营商环境，激发市场活力和社会创造力，与大众创业、万众创新和发展壮大新经济紧密结合起来，进一步形成经济增长内生动力，促进经济社会持续健康发展。

二、行政审批制度改革的标志性事件

历经 20 多年的发展，行政审批制度改革取得较大进展。回顾这些年的发展历程，以下几个事件在行政审批制度改革中发挥了重要作用。

（一）《行政许可法》的颁布实施

《行政许可法》的颁布实施对我国行政审批制度改革具有重要的法律和现实意义。《行政许可法》从调研起草到最后出台实施都受到高度重视。法律颁布之后，实施之前，国务院专门召集全国部级主要领导开会布置，进行培训，各个地方、部门也都进行了大规模的培训和准备工作，对政府工作提出了更高的要求。[①]《行政许可法》在总则中创造性地规定了一套行政许可的原则体系，包括许可法定原则、许可公开原则、许可的公平与公正原则、许可诚信原则、许可无偿原则、效率与便民原则及参与原则等，体现了有限政府、有效政府及法治政府的价值导向。[②] 此外，它从各个方面（包括许可的申请、授予、变更、废止等）赋予行政许可以财产权的属性，使被许可人从实体上得到了最为有效的保障。[③] 根据《行政许可法》第 8 条规定，“公民、法人或者其他组织依法取得的行政许可受法律保护，行政机关不得擅自改变已经生效的行政许可。行政许可所依据的法律、法规、规章修改或者废止，或者准予行政许可所依据的客观情况发生重大变化的，为了公共利益的需要，行政机关可以依法变更或者撤回已经生效的行政许可。由此给公民、法人或者其他组织造成财产损失的，行政机关应当依法给予补偿”。这一规定使政府与公众

① 周汉华：《行政许可法：观念创新与实践挑战》，《法学研究》2005 年第 2 期。
② 应松年、杨解君：《行政许可法的理论与制度解读》，北京大学出版社 2004 年版，第 92 页。
③ 周汉华：《行政许可法：观念创新与实践挑战》，《法学研究》2005 年第 2 期。

的关系从不平等的控制-命令关系演变为更为平等的关系，实现了实质意义上的跨越。因而，该法的颁布实施标志着行政审批制度改革正式步入法制化、规范化的轨道，进一步促进了行政审批制度改革。

（二）国务院审改办由中编办牵头

2013 年 6 月，国务院行政审批制度改革牵头单位由监察部调整为中编办，国务院审改办设在中编办。根据《中华人民共和国行政监察法》规定，监察部主管全国监察工作，对国务院各部门及其公务员、国务院及国务院各部门任命的其他人员以及各省、自治区、直辖市人民政府及其领导人员实施监察。行政审批制度改革的前 10 年，改革的重点是数量的精简，因此，由监察部门统筹协调力度更大，便于工作开展；新一届政府的审批制度改革的重点在于推进政府职能转变，因此选择中编办作为统筹协调主体，更有利于从机构设置、职能、编制方面更好实现政府职能转变的主要目标。① 中编办是中央编委的常设正部级办事机构，负责全国行政管理体制和机构改革以及机构编制的日常管理工作，既是党中央的机构，又是国务院的机构，它所担负的职能既是政治属性的，也是法治和管理性质的。行政审批制度改革作为行政管理体制和机构改革的重要内容，将国务院审改办设在中编办之下，实现了职能的同一性以及权责的统一性，增强了行政审批制度改革牵头单位的独立性、整体性与协调性，为之后行政审批制度改革提供了坚实的组织基础。

（三）不再保留非行政许可审批

“非行政许可审批”一词是国务院办公厅在 2004 年 8 月 2 日发布的《国务院办公厅关于保留部分非行政许可审批项目的通知》中首次使用的。按该通知的说法，这些所谓的非行政许可审批项目“主要是政府的内部管理事项，不属于行政许可”，但从目录所列的 211 项审批项目看，其中不少审批事项都不属于内部审批事项。这在客观上将行政审批作为行政许可的上位概念，将行政审批划分为许可类审批与非许可类审批。② 由于该通知使行政审批与行

---

① 顾平安：《简政放权与行政审批制度改革》，国家行政学院出版社 2016 年版，第 15 页。
② 王克稳：《我国行政审批制度的改革及其法律规制》，《法学研究》2004 年第 2 期。

政许可这两个概念发生分离，造成行政许可概念在覆盖的范围上远远小于行政审批概念，并且使《行政许可法》的调整范围被实质性地缩小，使得非行政许可审批项目游离于法律之外，导致《行政许可法》初衷落空。2014 年，《国务院关于清理国务院部门非行政许可审批事项的通知》将面向公民、法人或其他组织的非行政许可审批事项取消或依法调整为行政许可，将面向地方政府等方面的非行政许可审批事项取消或调整为政府内部审批事项，不再保留非行政许可审批项目这一审批类别，这一决定解决了《行政许可法》的部分历史遗留问题，规范了行政审批管理，有利于推进行政审批制度改革的规范化和法制化。

（四）以清单制度建设推进行政审批制度改革

行政审批权力清单是约束行政审批权力的一项重要举措，是行政机关依据法定标准对行政审批事项进行清理和审核，对于保留的行政审批事项以清单的形式（包括名称、编码、类型、依据、行使主体、流程图和监督方式等）在政府网站等载体公布，并根据行政审批设定依据的变化，及时修改和调整审批事项的活动。① 2014 年，《中共中央关于全面推进依法治国若干重大问题的决定》指出，深入推进依法行政，全民履行政府职能，深入推进机构、职能、权限、程序、责任法定化。推行政府权力清单制度，坚持法定职责必须为、法无授权不可为。2014 年 3 月 17 日，国务院审改办按照《国务院办公厅关于公开国务院各部门行政审批事项等相关工作的通知》的要求，在前一阶段国务院各部门分别公开本部门所保留的行政审批事项基础上，汇总了国务院涉及行政审批的 60 个部门、共 1235 项行政审批事项，点击进入每个部门的页面，都有统计出的该部门行政审批事项总数，包括行政许可事项和非行政许可审批事项，并逐条列出每项行政审批事项的项目编码、审批部门、项目名称、设定依据、审批对象。2015 年国务院《政府工作报告》中进一步明确“加大简政放权、放管结合改革力度。全部取消非行政许可审批，建立规范行政审批的管理制度”，同时积极推进地方各级政府工作部门权力清单制度建设。2022 年 1 月，《国务院办公厅关于全面实行行政许可事项清单管理的

① 王克稳：《行政审批（许可）权力清单建构中的法律问题》，《中国法学》2017 年第 1 期。

通知》发布，并随文发布《法律、行政法规、国务院决定设定的行政许可事项清单（2022 年版）》，通知提出，“2022 年底前，构建形成全国统筹、分级负责、事项统一、权责清晰的行政许可事项清单体系，编制并公布国家、省、市、县四级行政许可事项清单，将依法设定的行政许可事项全部纳入清单管理，清单之外一律不得违法实施行政许可”。通过设立清单推进行政审批制度改革，保障了行政审批制度改革的成效，从而有效防止取消的行政审批事项“死灰复燃”，持续推进了行政许可标准化、规范化和便利化。

第二节　行政审批制度改革存在的突出问题

20 多年来，我国行政审批制度改革取得了不少成效，行政审批事项的数量不断减少，乱设行政审批事项的现象得到遏制，基本做到了每项行政审批事项都有法可依、有据可查。但认真审视国务院各部门及地方政府改革的落实情况，可以发现，与经济社会发展的需要相比，差距仍然存在。概括来讲，我国行政审批制度改革存在以下几个方面的突出问题。

一、形式化：热衷表面，重数量不重质量

实施行政审批制度改革以来，取消、调整和下放了行政审批事项 3000 多项，按理说群众办事应该更加方便，效率更高，但市场主体和社会民众对改革的获得感却不强，感受也并不十分明显，到政府部门办事依然困难重重，问题很多。为了完成指标，有些政府部门，先取消那些“不痛不痒”“细枝末节”的寻租空间小的行政审批项目，而以种种理由保留那些权力较大、收费较多的项目；有些采取“抓大放小”“丢车保帅”的方法；有些采取“改头换面”的方法，将审批改为年检、备案的形式；有的只减少审批的子项，对行政审批事项进行打包、拆分，把需要取消的行政审批化整为零，从而提高取消项目的比例来完成指标。这样一来，行政审批制度改革成为只追求数量不注重质量的“数字游戏”，与行政审批制度改革的目的背道而驰，变成一种形式化的改革。

二、类型化：功能分类，解决的问题有限

在已取消的审批事项中，涉及生产经营，产品、物品检验和检测，职业资格、行业资格认定，公共资源开发利用等众多领域，但在大幅度削减行政审批事项的过程中，没有充分体现简政放权的类型化，简政放权的标准不明确。目前尚未纳入改革范围的审批事项主要有内部审批事项，政府投资项目审批（指各级政府及其投资主管部门对政府以直接投资、资本金注入、投资补助、转贷和贷款贴息等方式投资建设的项目所作的审批）；与行政机关没有隶属关系的其他国家机关、国有企业、国家出资设立的事业单位所作的审批事项，国家授权的行政机关以出资人身份对处置国有资产和权益所作的审批，以及减免相对人法定义务的审批事项。除了未纳入范围的审批事项之外，目前在学术上行政审批事项按照功能主义标准划分为以下三类：以资源配置为目的的资源配置类审批，以限制市场进入为目的的市场进入类审批，以预防和控制有社会危害性活动为目的的危害控制类行政审批。[①] 这种分类方式将纷繁复杂的行政审批事项类型化，有利于行政审批活动的开展和管理，但这种分类方法并不能囊括所有的行政审批活动。并且许多审批事项并不是单一性的，比如排污许可既可以被视为危害控制类行政审批，也可以被视为资源配置类审批。也就是说，功能主义标准并不能成为行政审批明确的分类依据，也不能解决实践中存在的所有问题。因为功能主义的标准仍然是定性化的分析，定性化的分析与理性化的市场经济体制并不完全一致，理性化的市场体制要求的是定量分析，只有定量化的分析才能充分实现市场在资源配置中的决定性作用。[②]

三、运动式：边减边设，缺乏制度化统筹

“以运动方式解决问题，对中国人来说是最熟悉不过的事。”[③] 那么如何

---

① 王克稳：《论行政审批的分类改革与替代性制度建设》，《中国法学》2015 年第 2 期。

② 谢寄博：《成本收益分析法对行政审批标准的改造——借鉴美国经验的分析》，《甘肃社会科学》2016 年第 6 期。

③ 郎友兴：《中国应告别“运动式治理”》，《同舟共进》2008 年第 1 期。

规范理解“运动式治理”？“运动式治理是指由占有一定的政治权力的政治主体如政党、国家、政府或其他统治集团凭借手中掌握的政治权力、行政执法职能发动的维护社会稳定和应有的秩序，通过政治动员自上而下地调动本阶级、集团及其他社会成员的积极性和创造性，对某些突发性事件或国内重大的久拖不决的社会疑难问题进行专项治理的一种暴风骤雨式的有组织、有目的、规模较大的群众参与的重点治理过程，它是运动式治理主体实现特定目标的一种治理工具。”① 这一定义虽然对运动式的概念作出了基本的界定，但仍有缺陷，如混淆运动式与政治动员两者之间的概念。我们认为所谓的运动式治理其实是一种由掌握、利用国家权力的政治主体为实现一定政治主体的根本长远利益所采取的一种自上而下式的政治行为。这种运动式治理不仅体现在专项整治活动上，还体现在行政管理体制改革上。反观我国行政审批制度改革，过往改革都是由国务院印发一个关于行政审批制度改革的原则性文件，再由国务院审改办召集部际联席会议，动员或要求各部门梳理并提出可以取消、下放或调整的行政审批事项，最终以规范性文件的性质对外公布取消、下放或调整的行政审批事项的文件；地方政府的行政审批制度改革过程也是如此。② 这种做法，明显会造成改革与修法、立法的不同步，与实际效果的不贴合。正是由于缺乏制度化和法治化建设，这样很容易导致行政审批事项边减边设，搞运动式改革，难以保障改革的实际效果，会影响整体改革的实际获得感。

四、断层式：单兵突进，缺乏改革联动性

行政审批制度改革一直作为行政管理体制改革的抓手和突破口，推动着行政管理体制改革的进程。行政管理体制的改革是一个多方面、并行化的系统工程，各个改革项目之间相互影响、相互制约，因而行政审批制度改革仅

---

① 冯志峰：《中国运动式治理的定义及其特征》，《中共银川市委党校学报》2007 年第 2 期。

② 唐亚林、朱春：《2001 年以来中央政府行政审批制度改革的基本经验与优化路径》，《理论探讨》2014 年第 5 期。

是行政管理体制改革的一部分而非全部，倘若其他配套改革不能协同联动的话，一定会出现短板效应，即反过来制约行政审批制度的改革。比如，行政审批过程的公开，在狭义上讲可以对应办事公开制度，但是只有办事公开制度是不够的，必须要同步启动首问责任制度、一次性告知制度、服务承诺制度和考核评议制度等相关配套制度，才能切实有效地制约机会主义和寻租行为。[①] 一定程度上讲，这些配套制度的改革远远比行政审批制度改革的难度大、耗费的精力多，但这不能成为行政审批制度改革单兵突进的借口，而是要协同推进行政管理体制改革的各个部分。就行政审批制度改革来讲，也存在断层式的现象：将改革的全部精力放在取消、调整或下放行政审批事项方面，回避行政审批制度改革与行政审批事项设立制度、行政审批程序制度、行政审批权力运行及行政审批监督制度之间的关系，造成重前置审批、轻后续监管，重事前下放、轻事后衔接的后遗症，整体改革缺乏联动性和系统性，使改革效果大打折扣。

五、被动性：政府主导，自我驱动力不足

行政审批制度改革自 2001 年启动以来，一直是政府主导型的改革，自上而下予以推进。中央层面行政审批改革由国务院牵头，国务院审改办具体负责；地方层面行政审批改革是按照国务院要求，地方政府主管部门具体负责。政府改革的动力来自上层，因而这一过程是自上而下的链条式的单向改革。行政审批制度改革是要斩断政府向社会、市场过多干预的触须，是要打破现有的利益格局，这样一来，如果行政审批改革由政府主导，那么很容易出现隔靴搔痒的情况，政府部门仅对边缘性事项进行改革。此外，这种链条式的单向改革使得政府部门内部就审批谈审批，自由裁定审批事项的去留，缺乏利益相关人或是外界的参与和监督，这样很可能导致政府部门取消一些含金量不高的事项，地方政府在改革过程中和上级部门打游击，上有政策下有对策，那么改革也就失去了真正的意义和价值。

---

① 艾琳、王刚：《行政审批制度改革的理性思考》，《中国行政管理》2014 年第 8 期。

六、微观性：外围徘徊，难触及权力本质

行政审批制度是国家行政机关或相关组织运用国家行政权力对公民、法人和其他社会组织行使某些权利的条件进行审查，决定准予或不准予其行使这些权利的一种制度。行政审批制度是以国家行政权力为基础的，是国家行政权力的集中体现。[①] 从根本上来讲，行政审批权力的存在，目的是维护公共利益。因此，行政审批制度改革既要对现有的审批权力进行重组，又要对其背后的利益关系进行整合，让其在法定框架内活动，不侵犯经济社会主体的合法权益。我国近年来行政审批制度的全部内容主要集中在取消、下放和调整行政审批事项的数量上，并且取消、调整和下放行政审批的事项大多是一些“无关痛痒”的项目，改革仍然在利益关系的边缘进行微观调整，而没有真正触及关乎部门核心利益的项目，没有真正触及行政审批的结构性变革，因而不可能取得行政审批制度改革的关键性、实质性效果。事实上，在“政府权力部门化、部门权力利益化、获利途径审批化、审批方式复杂化”的今天，在利益驱动制约权力结构再调整的背景下，改革若还只在微观层面展开，遇到障碍便绕道而行、迂回闪躲，改革的绩效将长期处于低水平徘徊的境地。[②]

综上，行政审批制度改革过程中存在的形式化、类型化、运动式、断层式、被动性及微观性问题，也是进一步推进改革必须铲除的顽石。

第三节　行政审批制度改革存在问题的原因

行政审批制度改革取得了重要进展，取消、调整和下放了大量的行政审批事项，改革的空间已经不大，剩下的都是难啃的硬骨头。我国行政审批制

---

① 梁铭明：《论行政审批制度改革的法治价值》，《天水行政学院学报》2015 年第 2 期。

② 唐亚林、朱春：《2001 年以来中央政府行政审批制度改革的基本经验与优化路径》，《理论探讨》2014 年第 5 期。

度改革进入了攻坚区、深水区，要继续改革，就要抽丝剥茧，洞悉现有问题的深层原因，找其病根，对症下药，推动行政审批制度改革向纵深发展。总体来讲，现在行政审批制度改革存在问题的深层次原因有以下几个方面。

一、行政体制不合理

行政审批是一种规制行为，规制行为的实质是行政主义的执行活动，其本身最基本的特征就是合理性和客观性。[①] 然而，当前我国行政体制的运行存在着不合理之处，制约着行政审批制度改革。一方面，行政受政治影响，以政治标准评价行政官员，"通过动员型的行政方式、运动式的工作检查以及超越程序和规范的行政决策来考察行政官员"[②]，导致行政官员唯上是从，将上级指令作为行为的出发点，从而使规制行为严重丧失其最基本的特征。行政审批活动作为规制行为的一种，同样面临这样的问题，行政审批制度改革的运动式、被动式及形式化就是如此。另一方面，在现代行政体制之下，行政机关极容易从本部门、本地区的利益出发，选择有利于自身的方式来执行上级的行政指令，这就是行政体制自利性的体现。[③] 行政审批制度其实是一项利益再分配机制，是对社会资源的再次权威性分配。由于行政体制的自利性以及行政审批关涉的利益性，在仅由政府驱动的行政审批制度改革过程中，很难打破既有的利益格局，取得突破性的改革成效，这也是行政审批改革形式化、被动性及微观性的主要原因。

二、市场导向不明显

按照功能主义的标准不能解决行政审批制度改革中实际存在的问题，因而在设定、实施、改革行政审批过程中缺少客观标准，导致地方政府在放权的过程中，存在着众多困惑。目前由于放权、减权标准的缺位，对下放和削

---

① 金冬日：《中国政府过程的体制症结探析：以政策过程为中心》，《学海》2008 年第 2 期。

② 谢寄博：《成本收益分析法对行政审批标准的改造——借鉴美国经验的分析》，《甘肃社会科学》2016 年第 6 期。

③ ［德］施鲁赫特：《理性化与官僚化》，顾忠华译，广西师范大学出版社 2004 年版，第 68 页。

减事项缺乏科学合理的解释，导致在放权的过程中审批权力的权威性、严肃性、缜密性大打折扣。压缩时限、削减要件是基层政府在简政放权改革中的主要做法，但是改革过程中对于为什么要设置这些审批时限，为什么要压缩这些审批时限，为什么要削减某些审批要件等问题都缺乏科学合理的解释，导致基层政府对行政审批设置的科学性和合理性产生怀疑。其实，行政审批的存在就是为了弥补市场的外部性，降低交易成本，因而行政审批设定的标准应当遵循经济规律和社会规律，坚持以市场为导向，并非以行政管理的需要为依据。

三、法制建设不健全

习近平总书记指出，“凡属重大改革都要于法有据”，行政审批制度改革也不例外。但从改革的实践来看，还存在较多的问题。首先，《行政许可法》对行政审批的规制作用有限，《行政许可法》未能清晰界定行政许可的含义、范围，也未能从立法上完全厘清行政许可与行政审批的关系。《行政许可法》能够规制的主要是那些法律、行政法规及国务院行政决定和地方性法规设定的行政许可，凡不符合《行政许可法》规定的设定事项和设定权限但又没有被取消的行政审批项目，都被纳入非许可类审批的范围，有的甚至成了行政服务事项。① 这样一来，原有的行政审批事项被取消之后又有新的行政审批事项不断涌现，《行政许可法》所规制的行为被缩减到一个相当狭窄的范围，其规制作用大打折扣。其次，规范性文件的管理与配套法律制度的建设落后于行政审批制度改革。由于绝大多数行政审批事项都有规范性文件依据，行政审批事项的清理、调整、废止必须以规范性文件的清理、修订与废止为前提，但在改革中，规范性文件的清理与审批制度的改革未能同步推进，规范性文件修订的滞后不仅制约了审批制度的改革，而且使改革直接面临合法性危机。② 此外，相关配套的法律制度的完善也未能与行政审批制度改革同步进行。其中，一种是以审批为基础进行设定的监管措施，当取消某些行政审批事项之后，其他监管措施因失去依据而无法执行，出现取消、下放后的空

---

① 王克稳：《我国行政审批制度的改革及其法律规制》，《法学研究》2004 年第 2 期。

② 王克稳：《我国行政审批制度的改革及其法律规制》，《法学研究》2004 年第 2 期。

档期；另一种是与审批互为基础进行设定的制度，如公开制度，当调整行政审批事项及审批程序时，其他配套制度因未及时改革而制约行政审批制度改革。要实现行政审批重大改革于法有据，就必须将行政审批制度改革全面纳入法制轨道，就是要以法治的方式推动改革，以刚性的制度管权限权。[①] 这样虽然会牺牲部分改革的效率，但是增加了改革的合法性与权威性，并从根本上解决了审批事项的法律依据问题，从长远看这才是真正有效的改革。[②]

四、改革程序不完善

由于政府作为行政审批权力的享有者、行政审批利益的部分获得者，改革的内容及程序若仅由政府主导，政府为保存其权力、维护其利益只会在现有的利益格局中进行局部调整或边缘调整，导致改革取得的成效较小，人民群众的获得感也较低。要打破现有单项链条式的改革程序，必须完善改革程序，建立信息公开、专家论证、风险评估和公众参与等程序机制，从而实现行政审批制度改革的法治化、科学化、民主化，提高改革质量，增强社会认同感，推进政府职能转变。[③]

首先，信息公开是行政审批制度改革的前提，各级政府不仅要依法主动公开拟取消、调整或下放的审批事项的项目名称、审批部门、设定依据、实施情况等，而且还要及时公开专家论证、风险评估与公众参与的方式及结果。目前我国行政审批制度改革仅限于公开已确定取消或调整行政审批事项的项目名称、审批部门及设定依据，属于一种事后公告行为，缺乏公众参与。其次，专家论证及风险评估可以提高行政审批制度改革科学性及合理性，但我国目前尤其缺乏对涉及公共安全、人身健康、生命财产安全等领域的行政审批制度改革的专家论证及风险评估，这很大程度降低了行政审批制度改革的科学性和合理性。最后，确保公众参与是行政审批制度改革的重要驱动力。《行政许可法》第 19 条规定，“起草法律草案、法规草案和省、自治区、直辖

---

① 马怀德：《行政审批制度改革的成效、问题与建议》，《国家行政学院学报》2016 年第 3 期。

② 王克稳：《我国行政审批制度的改革及其法律规制》，《法学研究》2004 年第 2 期。

③ 马怀德：《提升行政审批制度改革的法治化水平》，《北京日报》2016 年 11 月 14 日。

市人民政府规章草案，拟设定行政许可的，起草单位应当采取听证会、论证会等形式听取意见，并向制定机关说明设定该行政许可的必要性、对经济和社会可能产生的影响以及听取和采纳意见的情况”。但在改革实际过程中，因缺乏公众参与导致改革驱动力不足，群众获得感不强。

五、检验标准不科学

行政审批制度改革至今，社会公众到政府部门办事依然困难重重，改革的获得感不强，究其原因，主要是检验行政审批制度改革的标准存在问题。“减量提速”一直是行政审批制度改革的主题词，行政审批事项数量的多少、行政审批所需时间的长短，是过去可能也是未来一段时间内检验行政审批制度改革成效的核心标准。政府将整个行政审批制度改革的基调定于减少行政审批事项数量、缩短行政审批时间上，而忽视行政审批事项与政府职能设置及政府权力行使的关系，弱化了行政审批作为政府职能转移抓手的作用，就事项谈事项，“就使得‘含金量’不高、‘不痛不痒’、细枝末节的项目被大量取消、下放，而阻碍企业生产经营和百姓就业创业的审批事项依然存在，市场主体对简政放权的效果感受不明显”①，最终使得改革浮于表面，流于形式。以数量指标来检验行政审批制度改革既是不科学的，也是不合理的。其一，行政审批是政府履行职能的手段之一，倘若缺乏对政府职能的梳理转移，即使取消某一些、某一类的行政审批事项，政府为履行职能可能依旧会选择采取行政审批手段或其他管制型的手段，这样就使改革成为“数字游戏”，既没有建立与社会主义市场经济相适应的审批制度，又没有推动政府职能转移。其二，行政审批制度是以国家行政权力为基础的，是国家行政权力的运作制度。而行政权力是人民赋予的，也是要为人民服务的。因此，如果行政审批改革以数量指标来驱动，“局限于促进经济增长的需要和对许可权制约的封闭监管”②，忽视国家行政权力的本质，忽视人民群众的感受，则难以摆脱改革表面化、形式化的困境。

---

① 马怀德：《行政审批制度改革的成效、问题与建议》，《国家行政学院学报》2016 年第 3 期。

② 艾琳、王刚：《行政审批制度改革的理性思考》，《中国行政管理》2014 年第 8 期。

第二章

行政审批制度改革的路径重构：成本收益分析的引入

第一节　行政审批制度改革的时代背景

行政审批作为规范市场和社会行为主体及其活动的行政手段，其工作依据和审批标准逐渐从行政性的“权力管制”走向客观工具理性的“系统分析”，这是由市场在资源配置中的决定性作用、国家治理能力和治理体系现代化、全面推进依法治国等多个时代背景决定的必然趋势。

一、市场在资源配置中的决定性作用

党的十八届三中全会提出，“使市场在资源配置中起决定性作用”。这是理论上的重大突破和实践上的重大创新，具有鲜明的时代特征，是深化经济体制改革必须紧紧抓住的主攻方向。

第一，市场在资源配置中起决定性作用有充分的理论依据。在经济活动中，人们的生产分工和交换活动体现价值规律，并通过需求和供给的价格竞争实现供求平衡和优胜劣汰，从而可以引导生产生活资料的投入和产出，实现最普遍的全面的资源配置。经济发展就是要提高资源尤其是稀缺资源的配

置效率，以尽可能少的资源投入，生产尽可能多的产品，获得尽可能大的效益。市场配置资源是最有效率的形式，因为它有利于最大限度激发各类市场主体创业、创新活力，有利于加快我国经济转型升级，有利于建设高效廉洁的服务型政府，有利于构建开放型经济新体制。①

第二，市场在资源配置中的决定性作用已经得到我国改革国策的充分重视。自从我国作出将工作重点转移到经济建设上来、打破计划经济的单一分配模式的决定以来，市场的作用逐步得到释放和重视，对政府和市场的关系，我们一直根据实践拓展和认识深化寻找新的科学定位。党的十四大提出，我国要进行经济体制改革，建立社会主义市场经济体制，要使市场在国家宏观调控下对资源配置起基础性作用；党的十五大提出，使市场在国家宏观调控下对资源配置起基础性作用；党的十六大提出，在更大程度上发挥市场在资源配置中的基础性作用；党的十七大提出，从制度上更好发挥市场在资源配置中的基础性作用；党的十八大提出，更大程度更广范围发挥市场在资源配置中的基础性作用。在全面深化改革的时代背景下，党的十八届三中全会通过的《中共中央关于全面深化改革若干重大问题的决定》，将市场在资源配置中的“基础性作用”修改为“决定性作用”，由此可以看出，我们对政府和市场关系的认识在不断深化。②

第三，从实践背景看，经济发展的全球化、一体化竞争要求我们必须认可和培育市场经济的资源配置能力，大力推进市场化改革。国际经济环境和国内发展阶段的重大变化，迫切要求我国经济加快转型升级，进一步增强发展活力和创新动力，而当前经济发展中不可持续的突出矛盾，都与政府对资源配置干预过多和干预不当、市场功能发挥不够有密切关系。③ 在行政审批改革中，迫切需要重视市场的资源配置方式，明确统一的市场规则，确定统一的客观标准，这样才能促进充分的市场竞争，让生产要素有效地流通，从而达到转变经济发展方式的目标。

---

① 林兆木：《使市场在资源配置中起决定性作用》，《人民日报》2013 年 12 月 4 日。

② 参见黄文川《怎样理解使市场在资源配置中起决定性作用和更好发挥政府作用——访国务院研究室副主任韩文秀》，《求是》2013 年第 24 期。

③ 参见黄文川《怎样理解使市场在资源配置中起决定性作用和更好发挥政府作用——访国务院研究室副主任韩文秀》，《求是》2013 年第 24 期。

二、国家治理体系和治理能力现代化

党的十八届三中全会提出，全面深化改革的总目标是完善和发展中国特色社会主义制度，推进国家治理体系和治理能力现代化；党的十九届四中全会进一步提出，坚持和完善中国特色社会主义制度，推进国家治理体系和治理能力现代化。可见，国家治理体系和治理能力现代化是一种新型的现代化，是全面改革总目标的一部分，深化改革的核心就是调整政府、市场与社会之间的关系。

第一，国家治理能力和治理体系现代化，既是行政审批制度改革的必然要求，又是其宏观目标。中国改革开放的过程中，政府历次推进的经济体制和行政体制改革使综合国力得到逐步提升，但要全面实现现代化，需要进一步提高国家治理能力，实现治理体系的科学化和合理化。国家治理能力，是国家为了实现其治理目标所需要的资源动员能力、资源配置能力和资源有效使用的能力。国家治理能力的现代化，就是要在治理体系上作出变革，更好地发掘市场和社会在公共事务中的巨大潜力。[①]

第二，国家治理能力和治理体系现代化，要求行政审批模式实现从数量变化到规则确立的革新。由于历史的原因，中国政府在公共事务中仍然发挥巨大的主导作用，传统的行政审批更多地遵循“统治”和“管理”的模式，在审批过程中体现较为单一的行政主体意志，缺乏有效的、科学的方法，也由此降低了效率和对其他社会主体参与的回应性。近几年来，我国政府推动了多次行政审批改革，通过简政放权，激发了社会活力，提高了政府服务水平，[②] 但随着市场高度的分化及全球化发展，经济领域和社会领域都出现纷繁庞杂的新生事物，而行政审批的规则和依据没有发生根本性的改变，不能动员多方治理主体的力量，因此行政机关依据行政标准“孤军奋战”的现象依然存在，行政审批仍然需要耗费大量的行政成本，政府服务能力不能得到有效提升。

---

① 薛澜：《顶层设计与泥泞前行：中国国家治理现代化之路》，《公共管理学报》2014 年第 4 期。

② 《简政放权深化行政审批制度改革发布会实录》，《中国机构改革与管理》2014 年第 10 期。

第三，推进国家治理体系和治理能力现代化是全面深化改革的总目标，这要求行政审批活动的制度化、科学化。党的十八届三中全会通过的《中共中央关于全面深化改革若干重大问题的决定》将推进国家治理体系和治理能力现代化纳入我国全面深化改革的总目标之中。习近平总书记强调，必须适应国家现代化总进程，提高党的科学执政、民主执政、依法执政水平，提高国家机构履职能力，提高人民群众依法管理国家事务、经济社会文化事务、自身事务的能力，实现党、国家、社会各项事务治理的制度化、规范化、程序化，不断提高运用中国特色社会主义制度有效治理国家的能力。"治理"的提出，既在价值理念上是对以管理为主导的治国理政模式的一种挑战和超越，也为顶层设计上对共治、协同和参与指明了方向。[①] 行政审批制度的改革，反映了国家对公共事务从"统治"到"管理"再到"治理"的理念。

第四，提高国家治理能力，需要激发市场活力，顺应市场规律，但不能将行政审批的任务简单推给市场。行政审批事项性质复杂，既涉及经济目标，又涉及社会价值的实现。事无巨细的审批方式不仅提高了审批成本，而且未能形成应对社会性问题的强大能力，如社会分配仍存在不公平、不合理的现象，环境保护面临空前挑战。因此，行政审批改革不能将审批任务简单地放给社会和市场。对于行政审批应该管哪些、放哪些、管到什么程度，我们需要引入一个规范的统一标准，用于筛选数量繁多的审批事项，这个筛选机制通过专业的财务核算和市场竞争解决大部分的经济性事务审批，能够使行政机关从繁杂具体的审批任务中解放出来，专注于社会事务的伦理价值目标，维护好宏观性、长远性公众利益。

三、让法治成为治国理政的基本方式

党的十八大报告首次提出，法治是治国理政的基本方式。党的十八届四中全会在我党历史上第一次以"依法治国"为主题并出台《中共中央关于全面推进依法治国若干重大问题的决定》，确立了建设中国特色社会主义法治体系、建设社会主义法治国家的总目标。

---

① 应松年：《加快法治建设促进国家治理体系和治理能力现代化》，《中国法学》2014 年第 6 期。

第一，要把权力关进依法治国这一制度的笼子里。深刻总结我国社会主义法治建设的成功经验和深刻教训，为了保障人民民主，必须加强法治，必须使民主制度化、法律化。自改革以来，我国取得了巨大的经济发展，但同时我国的社会治理进入了高风险的时期。一方面，我国的基尼系数超过了警戒线，贫富矛盾逐渐突出，分配机制仍需在实现公平上作出改善；另一方面，权力寻租的现象频发，人们对权力滥用和腐败现象的不满情绪久已有之。因此对公共权力的约束需要提高制度化、规范化水平，以通过法律制度实现对权力的制约。特别是在行政审批的具体工作中，必须改革审批依据，依法审批，按照统一、公开的法制规范，让审批权在阳光下运行。

第二，依法治国不仅要有法制，还要实现法治。总体上而言，自 2004 年《行政许可法》的出台，关于行政审批的法制依据已基本形成，但实施的效果并不理想，依然存在行政主体采用“规避法律”“选择执法”等方式，转道非行政许可审批，阻碍了法律规制效果的实现。有学者甚至认为，由于隐形权力的干涉、“旧体制”的障碍、立法的非完美性等缘故，致使《行政许可法》规制的对象逃逸、法条休眠、功能失效，从而出现法律被虚置化的现象。[①] 在依法治国的大背景下，规范中央和地方行政审批改革，加强行政许可权的系统治理，发挥《行政许可法》的实际效用，是探讨行政审批制度改革的重要背景。

第三，完善社会主义市场机制，发挥市场资源配置的自发能力和高效性，需要良好的法治环境。2019 年，中央全面依法治国委员会第二次会议召开，会议强调，法治是最好的营商环境，要把平等保护贯彻到立法、执法、司法、守法等各个环节，依法平等保护各类市场主体产权和合法权益。市场活动的有序性和可预期性是稳定运行的前提，行政自由裁量更多地依靠行政公务人员个人的价值选择和政治判断，有一定的模糊性和不稳定性，给市场主体的判断增加了不可预测的风险因素。相较而言，良好的法治环境才能保障审批经济行为的依据公开明确、程序规范。

第四，将规范标准和分析框架引入行政审批，是依法治国的必然要求。《行政许可法》的颁布和实施是行政审批迈入法治化的开端，但需要更多关注

---

① 耿玉基：《法律“被虚置化”：以行政许可法为分析对象》，《法制与社会发展》2016 年第 4 期。

行政审批活动实现《行政许可法》的成效。法律条文中规定，设定行政许可，应当遵循经济和社会发展规律，有利于发挥公民、法人或者其他组织的积极性、主动性，维护公共利益和社会秩序，促进经济、社会和生态环境协调发展。而引入成本收益分析这一科学的、系统的客观标准，是解读经济社会发展规律内涵的必要路径。

综上所述，市场配置资源的经济规律，国家治理体系的系统性、科学性，以及依法治国所依据法律的规范性、公开性，都为行政审批制度的改革提供了有力的背景条件，并要求在审批活动中引入科学的、有效的客观依据。

第二节　成本收益分析引入行政审批制度改革的重要意义

随着经济的发展和产业结构的变化，政府的规模和职能也在发生变化，政府要完成不同领域、各个阶段的任务，就要调整相应的职能，实现在全社会进行资源的优化配置。资源怎样配置才能实现最优化的目标，需要一个客观标准来衡量，从而约束和引导政府职能的转变。成本收益的分析路径，相比起“命令-控制”的规制方法，具有更可靠的理论和数据依据。概括起来，成本收益分析引入行政审批制度改革具有以下四个方面的重要意义。

一、作为衡量行政审批的标准，方法上具有客观性

第一，成本收益分析的框架是客观的、公正的。成本收益分析既要从市场运行中发现影响经济成本和收益的相关因素，又要从宏观视野分析行政审批的规制手段对经济的影响；既包括对短期利益的计算，也包括对实现长期利益或可持续利益的考量；既包括规制行为要解决的直接目标的实现，也包括对间接成本和潜在的社会收益的分析。行政审批的各方参与者，都可以通过这个客观性的框架定位自身的诉求和目标。

第二，成本收益分析的机制提供了较高的效率和公平的预测方法。行政

审批活动以市场为基础，遵循市场经济规律，同时必须考虑社会效益。[①] 成本收益分析方法在效率实现的计算方面非常严谨。它从微观个体的成本、收益和效率考量，到多个个体集合的总体效率考量，发现资源配置对效率的个体性与整体性影响，有助于以微观效率的调整促进整体效率的提升，还可以为再分配提供依据，实现公平。

第三，成本收益分析的机制可以通过事后评估进行判断和验证。由于标准的确定性和过程的公开性，行政审批工作不再是“黑箱”操作的状态，技术性的提升使审批部门职能上的责任明确化，增加了活动的可控性。因此，使用成本收益分析方法有助于依法下放审批权限，更多地通过事后评估来验证和监督审批的必要性，而且不容易受到评估主体的主观干扰，能得到稳定的、科学的验证数据。

二、作为行政审批活动的依据，价值上具有中立性

第一，与采用更多的价值判断和自由裁量相比，成本收益分析的判定方法更客观，能够减少主观判断的模糊性和情绪化。行政自由裁量权的行使虽然享有相对的自主性，但是其权力仍是立法机关授予的，其行使代表着国家意志，尽管它体现了某种个人的裁量色彩，但依然是国家意志的具体体现。行政审批人员在行使自由裁量权时，应把公共行政的范围局限于高效、公平地执行公共政策，不带任何群体色彩地支持公共组织的使命。[②] 众多的审批事项不可能都经过有立法权的“决策机关”一一体现公共意志，立法机关在授权行政执行机关之时，本身就使用了模糊概括的约束，更多地强调目标而非路径的正义性和必要性。因此，行政审批路径如果不采用指标化、具体化的基本标准，而更多地采用权力约束，将扩大主观判断的模糊性和情绪化程度。成本收益分析将拟进行的决策的成本和收益清晰列明，并通过计算得出确切的效益值，为决策者提供了一个非常明确的数字，简化了决策的权衡过

---

① 于立深：《成本效益分析方法在行政法上的运用——以〈行政许可法〉第 20、21 条为例》，《公法研究》2005 年第 2 期。

② 侯丽莉：《行政自由裁量权的公平价值分析——以〈公共行政的精神〉为视角》，《辽宁行政学院学报》2010 年第 7 期。

程，为决策提供了重要参考。[①] 将成本收益分析方法引入行政审批，可做到以数据、事实说话，体现指标的精确性。

第二，成本收益分析方法建立在中立的价值基础上，很大程度上能够避免审批活动各方主体的价值预测带有立场偏见。行政审批活动涉及多方主体，有不同立场的各方主体对审批活动都有一个“应然状态”的期待，并以此形成自己的判断标准。他们以权力或者压力来主导审批的方向，影响审批目标的实现，各利益相关人员角色不同，利益也并非一致，往往存在公说公有理，婆说婆有理的情况。一般而言，利益相关人员主要分为相对的两大类：一是审批主体，他们以部门利益甚至个人隐性利益为主导；二是被审批和规制的受众，他们从个人利益最大化角度出发，希望减少公权力对自己的限制，扩大自己的权利范围。在“命令-控制”模式下的行政审批过程中，由于各方主体介入审批的能力和频次不同，这些利益相关人员对审批活动往往施加不均衡的干预，扭曲公共利益实现的价值取向。采用成本收益分析模式后，可以明确价值中立的客观标准。一方面不再给行政主体太多的再解释权空间，不容易引起利用“自由”之便满足私欲的现象；另一方面，大大减少了行政审批主体承担分析报告之外的笼统的规制目标，从而减少的政治压力不言而喻。

三、在行政审批活动中的运行，程序上具有公开性

第一，成本收益分析运用于行政审批，其信息具有公开性，可以克服引起市场失灵的信息不对称。成本收益分析方法引入行政审批，将审批活动涉及的总成本和总收益信息公开化，具有避免政治活动的“黑箱”的特点。美国学者埃里克·A. 波斯纳认为，传统的“命令-控制”模式的行政审批工作，实际上是一个“委托-代理”模式，议会和总统作为委托人，监管机构充当了议会和政府的代理人，由于信息不对称，代理人可以违背委托人的意愿谋取私利。[②] 采用成本收益分析方法后，委托人必须收集充分的市场信息，披露

---

① Sunstein, Cass, R., “Cognition and Cost-Benefit Analysis,” *Journal of Legal Studies* 29 (2000).

② Eric A. Posner, “Cost-Benefit Analysis as a Solution to a Principal-Agent Problem,” *Administrative Law Review* 53 (2001).

真实的信息，并以此制定规章，接受委托人的监督，承担政治责任和法律责任。由于成本收益分析实施的公开化、透明化，其运用有效地监管了被监管者，能降低利益集团利用他们掌握的信息优势影响决策的机会，从而可以减少权力寻租与监管俘获，有效解决利益集团难题，进而阻止大量不正当的规制。[①]

第二，成本收益分析依照程序，公开运用在审批活动的事前、事中和事后。在规制出台前，采用成本收益分析的方法回答规制机构实行规制的必要性问题，也就是对市场失灵的状态的现实描述；也要回答准备采取规制的程度，回答采用的具体方法（如限制性的规制方式、激励性的规制方式、指导性的规制方式），以及每种方式支出的成本和预期获得多少收益。这就是成本收益分析对市场失灵内因的分析把握和政策准备。当然，通过成本收益分析，如不能增进社会总体效益或符合帕累托最优的目标，应当优先交由个人、市场和社会的力量来取消行政审批的限制，这种“个人、市场、社会优先于政府”的理念，在《行政许可法》中得到了明确的肯定。[②] 在规制过程中，多方主体真正在现实活动中反复互动，验证审批预测报告中的权责关系、效率实现、流程运行。成本收益分析报告的数据作为一个重要参考尺度，约束各方主体忠实地执行规制事项的要求，并主动追求更低成本、更高收益的价值目标，从而促进审批事项的信息公开、流程改造和民主化参与。[③] 由于个人、市场、社会与政府之间的关系是一直变化的，所以行政审批需要进行定期的适时的评价，并鼓励个人和组织对审批的实施参与监督、进行建议。在规制出台后，相关各方应全方位地评价政策措施和执行效果，验证是否达到预期的目标，成本和收益是否与预期状况一致，解决了哪些市场失灵的问题，与其他法律规范和规章有无矛盾之处，以及是否遇到了市场的阻力。在事后评估的过程中，使用公开的数据证实资源投入使用的情况和产生的效益，也是对市场主体的理性行为进行的认可和回应。美国将成本收益分析贯穿在所有的

---

① 刘权：《作为规制工具的成本收益分析——以美国的理论与实践为例》，《行政法学研究》2015 年第 1 期。

② 参见《行政许可法》第 13 条：本法第 12 条所列事项，通过以下方式能够予以规范的，可以不设行政许可：（一）公民、法人或者其他组织能够自主决定的；（二）市场竞争机制能够有效调节的；（三）行业组织或者中介机构能够自律管理的；（四）行政机关采用事后监督等其他行政管理方式能够解决的。

③ 席涛：《美国的成本-收益分析管制体制及对中国的启示》，《经济理论与经济管理》2004 年第 6 期。

规则制定之中，任何一部规章在提交草案之前，都要经过成本收益分析。我国在行政审批制度的改革中，引入成本收益分析的方法，目的也在于实现审批活动运行的规范性，包括预测审批的经济社会影响、公开行政审批的程序和进展。更重要的是，程序的公开有助于明确每个环节行为主体的权责，“让权力在阳光下运行”，遏制“寻租”“设租”现象的发生。

四、为行政审批提供参考指标，操作上具有科学性

行政审批中引入成本收益分析的机制，最重要的作用就是用科学的成体系的判断标准来克服审批改革的运动化和形式化。无论在经济性事务方面还是在社会性事务方面，行政审批的成本和收益都是客观存在的要素，对不同要素采用不同的考量方式和考量标准，体现了成本收益分析方法的科学性。

第一，审批事务遵循科学的要素分析。“命令-控制”模式的行政审批主要建立在部门本位主义的出发点上衡量开展审批的标准，既缺乏宏观层面的系统性、多部门之间的联动性，又缺少微观的实证性和个性化需求。具体来说，成本收益分析模式关注的微观要素有：生产者在资本投入、创新研发投入等各方面的行为，消费者在储蓄、消费品购买、劳动力供给、选择偏好等多方面的行为。其关注的宏观要素有：社会福利与个人福利的统一性、审批事项的外部性效应、促进社会产业良性发展的实现、刚性指标之外的价值衡量。在社会性事务的审批中，也注重公民生存权、发展权等基本权利的实现，如环境资源的保护，教育、医疗的基本保障；注重提升社会总体福利，如地方和中央行政能力的提升、总体经济绩效的提升、基础设施建设惠及全社会、人民幸福感提升等。

第二，审批活动采用统一的竞争规则和准入制度。简单来说，成本收益分析的方法遵循统一的竞争规则，就是成本最小化，收益最大化，对不同的规制方案适用，对同样角色的市场主体也适用。成本收益分析框架是从行政审批的全过程角度，在统一的制度规则下，分析论证具体事项的可行性和合理性，摒弃了部门本位主义的审批出发点，有助于克服重复审批和交叉审批的现象。现阶段我国进行的审批改革，为减少不必要的准入限制，促进市场公平竞争，释放市场的活力，提出制定市场准入的负面清单，建立公平公正、

公开透明的市场准入制度。相比正面清单规定可以做什么，负面清单是一种更为开放、更为透明的市场准入管理模式。[①] 负面清单中一部分是因涉及国家安全、生态环境、重大战略资源，而另一部分也由于经过科学的成本收益分析，出现远不能实现资源合理配置的失灵现象。负面清单公开透明，面对全社会市场主体一视同仁，成为统一的准入约束。负面清单内以履行行政程序、行业准入标准等特别管理措施进行管理，负面清单外各类市场主体依法平等、自由进入，赋予企业自主投资权。清单外并不是政府放手不管，而要在准入后加强市场监管。[②] 成本收益分析提供了科学的指标，形成制度统一、各要素互相节制的审批依据。

第三，成本收益分析为各方建立一个在理性主义平台上的分析模型。成本收益分析通过规则机制和规则绩效的设计，把参与规制过程的各方联系起来，把市场最大化目标和监管最大化目标统一起来，从而为我们提供了一个透明、有效的方法来对不同特征、不同用途的政策进行共同单一特征比较，避免了以往因某些非理性因素而产生的主观臆断和盲目决策。[③]

---

① 郭冠男、谢海燕：《制定和实施负面清单制度必须理清的重大关系》，《中国行政管理》2015 年第10 期。

② 郭冠男、谢海燕：《制定和实施负面清单制度必须理清的重大关系》，《中国行政管理》2015 年第10 期。

③ 石涛：《转型时期政府微观规制行为研究》，2008 年上海社会科学院博士学位论文。

第三章

域外规制成本收益分析制度镜鉴

第一节 美国规制成本收益分析的概况、主体和对象以及基本运作

一、美国规制成本收益分析的概况

（一）美国规制成本收益分析的发展历程

20世纪六七十年代，美国联邦规制机构平均每年发布规章7300多件，规制成本平均为6400多亿美元，到1975年，联邦规制机构控制了约占国内生产总值24%的行业的企业重要产品、价格或生产过程的重要决策。[①] 如此庞杂的规制体系导致规制成本极高，规制机构滥用裁量权的案例经常发生，从而导致市场扭曲，效率低下。如何控制国家的规制成本，如何判断规制的成本是否取得了更多的收益成了当务之急，成本收益分析方法恰恰因为能很好地解决以上两个问题而适时出现。[②] 于是，从福特总统的市场化规制改革开始，半个多世纪以来，美国政府通过不断的探索建构起了一套以成本收益

---

① 席涛：《美国管制——从命令-控制到成本-收益分析》，中国社会科学出版社2006年版，第8页。

② Arrow, K. J., et al., "Is There a Role for Benefit-Cost Analysis in Environmental, Health, and Safety Regulation?," *Science* 272 (1996): 221-222.

分析为中心的规制体系。在福特总统和卡特总统在位时期，美国奉行“放松规制”的政策，启动规制成本收益分析；到了里根总统和老布什总统在位时期，美国开始了“规制海啸”，开始大规模应用规制成本收益分析；到了克林顿总统和小布什总统在位阶段，主要沿袭市场化规制的思路，对成本收益分析方法应用的范围有所限缩；从奥巴马总统上台到特朗普总统在位这十多年间，规制政策基本定型，规制成本收益分析的应用也常态化、定型化。

（二）美国规制成本收益分析的法律依据

对于规制成本收益分析的法律依据，在美国主要包括国会立法、总统行政命令以及美国行政管理和预算局（Office of Management and Budget，OMB）发布的指引，具体如下。

1. 国会立法。美国国会的立法并没有专门针对规制成本收益分析的法律规定，大多数法律规定是针对一定范围内的机构以及规章的，有少部分是针对特殊机构或者特定法令的。[①] 比较重要的立法包括：1970 年生效的《国家环境政策法》（National Environmental Policy Act），要求联邦机构在相关的“主要的联邦（政府）行动显著影响人类环境质量”的每一个推荐（recommendation）和报告（report）中都要有一个关于环境影响的陈述（statement）。[②] 陈述中必须列明拟建议行动直接的、间接的以及累计的环境影响，拟采取的备用方案等。1981 年生效的《规制灵活性法》（Regulatory Flexibility Act），要求联邦机构对于将要出台的针对小型实体（small entities）的规章进行影响性分析，内阁、独立机构以及独立规制机构必须在提案以及最终的规章发布之前准备“规制灵活性分析”。1995 年生效的《无经费命令改革法》（Unfunded Mandates Reform Act），要求在颁布一项涉及总花费将超过 1 亿美元项目的规章时，各州以及地方政府、部落政府都要去准备一份包括“对预期成本和收益的数量和质量的评估……同时也包括联邦命令在健康、安全以及自然资源等方面的影响”的书面陈述。1996 年生效的《小企业监管实

---

① 例如《美国社会安全法案》要求如果该规制对于小的农村医院的运转具有重大影响的话，卫生和公众服务部应该进行规制影响分析。

② 更多信息参见 Luther，L. “National Environmental Protection Act：Background and Implementation. CRS Report for Congress”（2007）。

施公平法》(Small Business Regulatory Enforcement Fairness Act)，要求在对小企业进行规制时，规制机构要提出规制影响分析报告，同时要采取弹性和激励的方法，尽量减少对小企业造成过多的成本和负担。1997 年生效的《财政、邮电业和政府一般拨款法》(Treasury Postal Services and General Government Appropriations Act)，要求在 1997 年 9 月 30 号之前，美国行政管理和预算局的主管应该向国会提交一份评估联邦规制总成本与总收益的会计陈述。2010 年生效的《政府效益、效能与表现改进法》(Government Efficiency，Effectiveness and Performance Improvement Act)，旨在评估政府的效益、效能，改善政府的运行表现，蕴含着成本收益分析的基本内涵。

2. 总统行政命令。"行政命令"是由美国总统作为联邦最高行政首长对联邦所属各机构发布的具有法律效力的指示，是总统执行法律、形成和推行自己政策的重要手段。① 美国的规制成本收益分析主要是通过总统行政命令推动的，历史上曾有多位总统对此发布了行政命令，但是现行有效的、规定较为全面的主要有两个。第一个是 12866 号总统行政命令，该行政命令颁布于 1993 年克林顿在位时期，名为《规制计划与审查》，共分为 11 个部分，旨在增进规制体系的整体功能。第二个是 13563 号总统行政命令，该行政命令由奥巴马总统颁布于 2011 年，名为《改善规章和规制审查》，共分为 7 个部分，对 12866 号总统行政命令进行了一些修正，扩大了成本收益分析应用的范围，同时要求对现行的规制措施进行回顾性分析。

3.《A-4 号通知》(OMB Circular A-4)。根据法律法规以及总统行政命令的规定，美国行政管理和预算局要发布一些指引文件（circulars）以对联邦机构提供指引，具体包括对法律法规的适用提供说明、对职责范围内一些操作事项进行细化及澄清等。《A-4 号通知》公布于 2003 年，名称为《规制分析》(Regulatory Analysis)②，早在 1996 年美国行政管理和预算局就制定了关于规制的名称为《最好的实践》（Best Practices）的指引文件，并在 2000 年颁布、2001 年重新确认了《行政管理和预算局指引》(OMB Guidelines)，《A-4

---

① 贾圣真：《总统立法——美国总统的"行政命令"初探》，《行政法学研究》2016 年第 6 期。

② 关于《A-4 号通知》的正文，可参见美国行政管理和预算局网站，https：//www. whitehouse. gov/wp-content/uploads/legacy _ drupal _ files/omb/circulars/A4/a-4. pdf。

号通知》的公布取代了所有这些文件。《A-4 号通知》非常重要的一部分内容就是关于规制成本收益分析，详细列明了成本收益分析的方法、流程、折现率的确定、对不确定性的应对等问题。

二、美国规制成本收益分析的主体及对象

（一）规制部门

根据 12866 号总统行政命令以及美国行政管理和预算局的《A-4 号通知》的规定，所有的联邦规制部门采取规制措施都需要进行成本收益分析。具体的联邦规制部门，根据《美国统一法典》的规定，包括所有的行政部门、军事部门、政府控制的公司、其他行政分支下的机构（包括总统行政办公室），以及独立管制机构等。其中有一些部门为了规范其成本收益分析的操作，颁布了非常详细的指引，例如环保总署的《准备经济分析指引》（Guidelines for Preparing Economic Analyses）、交通部的《成本收益分析指引》（Guidelines for Cost Benefit Analysis）等，还有一些部门专门成立了专职机构，例如农业部的风险评估与成本收益分析办公室。

（二）美国行政管理和预算局及其信息与规制事务办公室

美国行政管理和预算局的前身预算局（Bureau of the Budget）成立于 1921 年，当时沃伦·G. 哈定总统签署了《预算与会计法》，该法要求成立预算局，并且作为财政部的一部分。1939 年，预算局开始隶属于总统行政办公室。20 世纪 70 年代，尼克松总统时期重新组建，成立了今日的美国行政管理和预算局。20 世纪 90 年代，美国行政管理和预算局开始将业务分为管理和预算两部分，具体有专门的办公室管理。时至今日，美国行政管理和预算局的主要任务就是协助总统监督联邦预算的准备以及监督行政系统内部各部门的行政情况。具体来讲，美国行政管理和预算局审查各机构的预算、管理、立法、规制、财政、采购以及其他提议，确保提议与相关的立法以及总统的行政目标相吻合，对政府官员各种各样的议题提供短期或者长期的分析与建

议，完善整个政府范围内的各项政策。[①] 美国行政管理和预算局内部分工明确，具体负责行政立法成本收益分析的机构是信息与规制事务办公室（Office of Information and Regulatory Affairs，OIRA）。信息与规制事务办公室是美国行政系统中最集中行使行政立法成本收益分析审查的部门，被誉为美国规制措施的"看门人"。[②] 1980 年卡特总统在位时期，颁布《文书削减法》，正式成立了信息与规制事务办公室，旨在审查各种建议的信息以及发展整个政府范围内的信息政策。信息与规制事务办公室的职权在后续几任总统当政时期发生过很大的变化，到奥巴马总统当政时期，其职能已经基本稳定。信息与规制事务办公室现有编制 45 人，每年要审查 400 至 500 个规章，审查期限 90 天（法律有更短特殊规定的从特殊规定）。[③] 信息与规制事务办公室是进行规制成本收益分析的核心部门。

（三）审计总署

审计总署对于规制审查的规定主要见于《1996 年国会审核法》，根据该法的规定，各联邦规制的施行机构除了要向审计总署提交与向国会提交的相同的材料之外，还要向总审计长提交一份关于成本收益分析的文件。根据《1996 年国会审核法》的规定，总审计长以及信息与规制事务办公室的行政长官共同负责认定一项规制措施是否为"重要规制"。如果是"重要规制"，总审计长必须在收到材料 15 日内按照该法律的规定准备一份报告呈交国会的各委员会，具体的报告要包括要求各规制机构提交审计总署的与国会相同的材料，以及上文提到的要求单独交予审计总署的材料。审计总署主要依据《管制灵活性法》及《无经费命令改革法》的规定审核规制措施是否进行了成本收益分析，是否符合其他法案或者总统行政命令的要求。但是，这种审核只能是形式上的，而非对实质适当性的审核。[④]

---

① 参见行政管理和预算局每年预算报告中的"任务陈述和背景"（Mission Statement and Background）部分。

② 金成波、江澎涛：《美国行政立法中的 ORIA 的作用》，《中国发展观察》2013 年第 1 期。

③ Sunstein，Cass，R.，"The Office of Information and Regulatory Affairs：Myths and Realities，" *Harvard Law Review* 126（2013）.

④ 参见美国审计署 2006 年向众议院政府改革委员会提交的报告，B-302705，*Truth in Regulating Act of* 2000（*TIRA*），June 7，2006。

（四）国会

国会对联邦各部委进行规制行为的审核有专门的法律规定，即《1996 年国会审核法》，该法要求，所有联邦规制部门在出台一项规制措施之前都必须向国会两院以及总审计长提交一份报告，报告中应包括一份拟采取的规制措施草案、对该规制措施的一份简要描述（包括它是否应被看作一项“重要规范”）以及该规范提议的生效日期。国会两院在收到相关材料后，要把所有材料的复印件都发给国会每个下属委员会的主席和副主席。国会的审核期限为 60 天。国会对规制措施的审核标准并没有详细的要求，具体到成本收益分析标准，只是要求规制机构提交给审计总署的带有成本收益分析复印件的文件对于国会两院应该随时都是“可用的”。

三、美国规制成本收益分析的运作程序

（一）详述问题，确定基准线及成本和收益的取向

在进行成本收益分析之前，必须首先搞清楚将要解决的问题，确定问题的范围。在这一部分要完成问题陈述和机会陈述。要准确描述存在的问题、要完成的任务及需要的能力等。进一步确定目标：项目（规制）要实现什么，进行该项目对于操作部门为何非常重要，谁将是项目的受益方等。随后还要分析项目的背景，即基准线，任何项目的操作必须建基于基准线之上。确定了问题之后要分析成本和收益的取向：成本由谁来负担，收益由谁来享有。不同的取向标准决定着成本的分担和收益的数额。对于成本收益分析的取向，是有不同的参照系的，比如可以有全球的、国家的、州的或者地方的。一般来说，美国联邦政府的规制措施都是以整个美国国家为取向的。对于地方的规制措施则一般考虑以地方自己为取向，而不去关注譬如临近区域乃至整个国家，当然这样的取向可能存在地方壁垒等问题，但是从地方角度来讲，这样能够实现地方的净收益最大化，符合自己的利益。

（二）确定替代方案

对某一事项予以规制，可能有多种拟供选择的方案，或者说，至少有予

以规制和不予规制两种方案。如果选择予以规制，那么就面临是选择 A 方案规制，还是选择 B 方案规制，或者其他的方案。进行规制成本收益分析，必须确定拟选择的替代方案，对替代方案的评估是成本收益分析制度的精髓所在。选取了替代方案之后，要对所有的方案都进行成本收益分析，之后将所得的所有净收益结果进行比较。对于替代方案的选择，没有一定之规，必须视情况而定。

（三）分类登记潜在影响，选择测量单元

替代方案确定了之后，要对每一项方案都进行成本收益分析。在进行成本收益计算之前，需要分类登记潜在的影响——拟分析的规制措施到底关涉到哪些成本和收益。分类登记之后，还要选择测量单元，进行一定程度的统一，因为只有选择了统一的测量单元之后才具有可比性。测量单元一般包括金钱、生命数量、时间等。

（四）预测规制措施存续期间数量上的影响

在确定了替代方案以及分类登记了潜在影响之后，接下来要确定在所有的方案中，每一项影响到底有多少价值，即成本收益是多少。计算一项影响的成本或者收益，必须用该影响的成本或者收益的数量乘以单位数量的价值。这一步计算数量，下一步计算单位数量，二者结合得出价值。

（五）对所有的影响货币化

为了通约计算上的便利，要在所有供选方案可能的影响、所有影响的数量确定了之后，对每一项方案的影响都进行货币化，例如要对节省的时间货币化、对节省的生命货币化、对危害的避免货币化等。成本收益分析本质上是一种经济学的方法，可以直接计算具有市场交易性的项目，许多非市场交易性的项目进行货币化时需要借助特殊的方法，而且要注意，有些项目可能以现在的技术手段根本无法进行货币化，这些项目需要特别处理。对各类影响进行货币化非常依赖数据统计，拟进行成本收益分析的项目所在的地区必须有非常完善的统计数据库，以便在进行计算时提取数据进行比对。例如，计算一个司机的一小时价值多少、一个商务人士的生命价值几何等，必须有

详细统计所得出的相对确定的比对数据，否则货币化难以进行。

（六）通过贴现得出现值

同一件物品、同一项规制影响现在的价值、将来的价值以及过去的价值都是不同的，所以必须通过贴现的方法将发生在不同时间的成本和收益折算成现值，以便在同一个时间点上进行计算，由此，必须确定贴现率。所谓贴现率，是指将未来支付改变为现值所使用的利率。贴现率的确定一直是规制成本收益分析计算时非常困难的一个问题，其确定要综合社会多项指标，实践操作中还没有一个大家一致认可的数值。

（七）加总成本和收益，得出净现值

成本和收益都计算出数值之后，要对成本和收益进行加总计算得出净现值。如果只有一项拟订方案，那么则非常简单，只要净现值大于零就说明方案是有效益的。如果有多个供选方案都已经计算出各自的成本和收益，则要通过公式 $NPV=B-C$ 计算出所有的供选方案的净现值，之后将净现值为负数的方案排除，在所有净现值为正的供选方案中，选取净现值最大的方案进行推荐。需要注意的是，虽然实践中经常应用净现值法确定成本收益分析的结果，但是也经常辅以益本比法、内部收益率法等，最后作出合适的推荐。

（八）进行敏感性分析

在计算成本收益时，有许多不确定因素存在，必须测算一下这些不确定因素对于净现值的影响到底有多大，这就是敏感性分析。敏感性是指某一相关因素的变动对反映投资项目经济效益的决策指标的影响程度，相关因素变动小而影响大（影响原来结论的正确性），就表明该相关因素的敏感性强，应引起足够的重视；反之，则说明其敏感性弱。[①] 敏感性分析的对象可以是第三步提到的所有影响，甚至对于折现率也可以进行敏感性分析。

（九）推荐具有最大社会收益的供选方案

进行完以上的所有步骤，最后将推荐具有最大社会收益的供选方案，这

① 刘运国：《管理会计学》，中国人民大学出版社 2011 年版，第 186 页。

一方案往往就是净现值最高的方案。在这一步中，要注意分析者并没有最终决策权，只有根据计算结果得出的推荐权，真正具有决策权的是行政决策部门。

以上所讲的运行程序是美国规制成本收益分析操作时最基本的程序，是综合《A-4 号通知》的基本步骤，同时综合美国多个部委的规制成本收益分析指引之后汇总而成。当然，各个部门的具体操作可能有细微不同，比如有些步骤是展开进行的，有些步骤进行了合并，但是这些步骤都是不可或缺的，否则进行的规制成本收益分析就是不完整的。

四、美国规制成本收益分析的方法

对于规制成本收益分析的计算，其实是规制成本收益分析运作程序的一部分。这里面一共包括三个问题，成本的计算、收益的计算以及成本收益的加总计算。

关于成本和收益的计算，一般来讲计算方法是类似的。根据《A-4 号通知》中“成本和收益评估的操作”部分的规定，在计算成本和收益的过程中，以下几个概念是不能绕过的。第一，机会成本，即社会成员作出某一选择而放弃其他选择的成本。计算机会成本的重要方法就是通过支付意愿和受偿意愿进行计算。第二，支付意愿，即社会成员为规制措施所产出的收益愿意支付的价值。这种方法主要用于正面效益的计算，经济学家倾向于用这种方法计算机会成本。第三，受偿意愿，即社会成员为接受规制措施所产生的不利影响所要求补偿的价值。这种方法主要用于负面影响的计算，一般个人倾向于用这种方法计算机会成本。第四，市场价格。当市场处于完全竞争的状态下，市场价格可以提供非常丰富的数据用以支撑基于支付意愿的成本和收益计算。

在具体计算成本和收益的过程中，常用计算方法主要包括以下几种。第一，显示偏好方法。这种方法的原理是通过观察个人在相关市场上的实际选择来获得成本和收益的数值，具体包括特征价格法、旅行费用法、避免行为法以及疾病成本法等。第二，声明偏好方法。这种方法只通过直接调查来评估非市场化的货物以及服务的价值，此方法依赖于通过调查得到的信息，试图通过调查，即询问受调查者对于诸如环境质量、健康、安全等改变的评估来直接计算支付意愿。第三，收益转移方法。这种方法依赖于已经应用于其他非市场化物品评估的既存信息，本质上是应用既有研究中货物或者服务的价值作为媒介来评判另一项研究中相同的货物或者服务的价值。此外，《A-4号通知》还用了很大篇幅来讨论不确定性因素及风险的处理以及贴现率的问题，这些都是成本和收益计算过程中的重要内容。

关于成本和收益的加总计算，主要是指计算出规制的成本和收益，并且确定了合适的贴现率之后，需要进一步通过一定的方法对成本和收益进行加总计算，以便拿出一个最终结果供决策者参考。成本和收益加总计算的主要方法有益本差法、益本比法以及内部收益率法。此外，投资回收期规则、成本现值、内部回报率等方法有时也被用来作为决策规则，但是实践证明这些方法都有一定的局限性，实践应用中并不多。实践中，主要还是以益本差法的应用为原则，偶尔辅以益本比法和内部收益率法。

五、美国规制成本收益分析的效果及评价

美国的规制成本收益分析制度已经运行了几十年，可以说是全球范围内政府规制常规运作的范本，应用的广度和深度远超其他国家和地区。然而，即便如此，对于规制成本收益分析的争论也一直在持续。例如，有观点认为，成本收益分析虽然设置本身便是为了规范化规制过程，存有程序优先的思维，但是无论如何也难以逃脱官僚以及政治方面的影响，政府官员对于自我角色的定位是看门人、花钱人或分析人，那么成本收益分析的方法无疑成了掩盖推行政治目的的工具。[①] 还有观点认为，成本收益分析存在道德上的缺陷。哈佛大学肯尼迪政府学院的凯尔曼（Kelman）教授的一篇被后世广泛引用的文章中便对成本收益分析提出了道德上的批判，文章着重批判了成本收益分析对环境和公共健康的货币化问题，认为成本收益分析不可避免地支持一些不道德的政治政策，包括“迫害那些清白的但沉默的异议者”。[②] 也有观点认为，规制成本收益分析制度本质上阻碍了规制的进度。麦加里蒂（McGarity）

---

① Boardman, A. E., et al., *Cost-Benefit Analysis: Concepts and Practice*, Prentice Hall (2005): p. 36.

② Steven J. Kelman, “Cost-Benefit Analysis: An Ethical Critique,” *Regulation* 35 (1981).

提出了一个短语“规则制定程序的僵化”（ossification of the rule-making process），意指当时的美国规制程序相当僵化。① 除了这些宏观上的争论，在肯定规制成本收益分析正当性的前提下，对于该项制度的具体运转，人们也提出各种各样的争议，比如个人意愿支付标准的确立问题、贴现率的确定问题、操作过程中的透明性问题，等等。② 规制成本收益分析在理论上遭到不少挑战，在实践应用中也暴露出了一些局限，但是这种方法所具有的实践作用和理论价值使其在美国规制过程中长期应用不衰。以信息与规制事务办公室为例，12866 号和 13563 号两个总统行政命令赋予了其联邦行政规制的审查职能，12866 号总统行政命令名为《规制计划与审查》，其第一部分详细规定了规制措施制定应该遵循的原则，这其中就包括规制的成本收益分析。在信息与规制事务办公室的正式审查程序中，对现存或者拟议中的规制措施——只要是“经济上重要的规制措施”——都要进行成本收益分析。经过实证分析可以发现，信息与规制事务办公室的审查规模非常大，审查力度也非常大，对美国的规制措施的出台起到了非常大的作用，这也和美国审计署的评估报告相吻合。③

第二节　欧盟规制影响评价的概况、主体和对象以及基本运作

一、欧盟规制影响评价的概况

（一）欧盟规制影响评价的发展历程

规制影响评价（regulation impact assessment，RIA）是收集和分析证据

① Thomas O. McGarity, “Some Thoughts on ‘Deossifying’ the Rulemaking Process,” *Duke Law Journal* 41 (1992).

② 金成波：《立法中成本收益分析制度的论争、作用及定位》，《浙江学刊》2016 年第 1 期。

③ 金成波：《信息与规制事务办公室：美国行政立法的看门人》，《国家行政学院学报》2016 年第 5 期。

来为政策制定提供支持、促进明智决策的一种工具。在欧盟的规制影响评价过程中，首先需要检验问题的存在、找出问题的潜在原因，然后遵循辅助性原则和比例性原则（principles of subsidiarity and proportionality）对是否需要采取行动进行评估，并分析现有解决方案的利弊，以最低的成本达成规制目标，促进社会福利最大化。①

1986年，英国采用合规费用评估（compliance cost assessment）来估算拟议立法对企业成本的影响，该项评估直到1998年才确定了详细的成本收益程序。而欧盟则是从2002年才开始正式引入规制影响评价，并将其作为完善政策制定、提高决策质量的一种手段。2002年，欧盟委员会开始实行统一的规制影响评价方案，要求各部门负责规制影响评价的具体领域，由各总局进行前期工作，随后由欧盟委员会选定需要更加详细分析的提案，对其进行"扩展性影响评估"，分析提案是否可能对社会、经济和环境产生重大影响，以及提案是否涉及部门的重大政策改革等。2004年，欧盟委员会用"影响评估"（impact assessment）一词代替了"扩展性影响评估"，由部门主管负责咨询包括其他部门主管在内的利益相关者，并分析提案的影响，规制影响评价将与提案一同送达欧盟的两个主要决策机构——欧洲理事会和欧洲议会以供讨论。

需要注意的是，规制影响评价是对政策制定的辅助而不是替代，它通常只提供优先选项，由欧洲理事会和欧洲议会作出最终决定。经过两年的试验期后，2005年重新启动的规制影响评价方案更加重视经济分析的质量，并采用了更完善的指导准则，包括最低分析标准、通用报告格式、定量分析的指导原则等，明确要求在可持续发展背景下考虑规制可能产生的影响。2006年，在对规制影响评价进行公开评价之后，欧盟委员会设立了独立的委员会——规制影响评价委员会（Impact Assessment Board，IAB），负责审查规制影响评价，确保评估的一致性和质量。②

---

① European Commission. *Impact Assessment Guidelines* 2014.

② Caroline Cecot，Robert Hahn，Andrea Renda，Lorna Schrefler，"An Evaluation of the Quality of Impact Assessment in the European Union with lessons for the US and the EU，" *Regulation & Governance* 4 (2008).

（二）欧盟规制影响评价的法律依据

2001 年，欧盟委员会在《2001 年持续发展战略》以及《欧洲治理白皮书》中提出，为实现“里斯本战略”，使欧盟“成为以知识为基础、世界上最有竞争力的经济体”，要对欧盟重要的立法、规章、指令等相关提案的潜在影响进行评估。[①] 2002 年，在综合以前单一而分散的相关指导文件并借鉴美国和 OECD（Organization for Economic Co-operation and Development，经济合作与发展组织，以下简称 OECD）经验的基础上，欧盟委员会决定采用影响评估指引作为指导规制影响评价的首个统一性、框架性文件。[②] 2003 年，欧盟委员会、欧洲议会、欧洲理事会就“优化立法”（Better Lawmaking）达成了“机构间的一致”（Inter-institutional agreement on better law）[③]，并要求对欧盟议案进行经济、社会和环境的事前影响评估，对于具有实质性影响的重要政策进行扩展性影响评估。2005 年至 2009 年期间，欧盟委员会曾三次修正规制影响评价指引，以适应经济和社会环境的变化。[④] 2005 年，欧盟委员会公布了影响评估指引的建议稿，不再区分事前影响评估与扩展性影响评估，而是要求所有事项进行统一的影响评估。该建议稿在征集意见和修订完善的基础上最终形成了 2006 年的版本。2006 年，欧盟委员会在影响评估指引中增加了成立跨部门指导小组（Inter-Service Steering Group，ISG）和行政成本计算方法的相关内容。[⑤] 2009 年 1 月，欧盟委员会发布新修正的影响评估指引，该文件对欧盟和成员国的规制影响评价具有重要的指导意义。[⑥]

（三）欧盟规制影响评价分析的基本原则

规制影响评价是一种为政策设计提供支持的结构反思和分析指导工具，并不是一系列需要解决的任务。规制影响评价很难说是一门精密的科学，也

---

① 席涛：《政府监管影响评估分析：国际比较与中国改革》，《中国人民大学学报》2007 年第 4 期。

② 席涛：《欧盟监管：一个制度性分析框架》，《经济理论与经济管理》2006 年第 9 期。

③ European Commission，*A Strategic Review of Better Regulation in the European Union*. http://ec. europa. eu/transparency/regdoc/rep/1/2006/EN/1-2006-689-EN-F1-1. Pdf.

④ 郑宁：《欧盟委员会影响评估机制述评》，《贵州大学学报》（社会科学版）2008 年第 1 期。

⑤ 曲喆：《欧盟法律、政策制定影响评估程序之初探》，《研究生法学》2008 年第 1 期。

⑥ 席涛：《法律、监管与市场》，《政法论坛》2011 年第 3 期。

没有完美的评估方案。鉴于欧盟委员会提出的政策倡议有很大独特性，实施规制影响评价和得出结论的最佳方式将因个案而异，不过，以下一些原则通常是适用的（见表 1）。

表 1 规制影响评价分析的基本原则

原则	内容
全面性（comprehensive）	规制影响评价分析应该是全面的，要考虑到所有可供选择的政策措施的相关经济、社会以及环境的影响。
相称性（proportionate）	规制影响评价分析的广度和深度应该与规制行动的类型、问题的重要性以及可能的影响是相称的。
有理据（evidence-based）	所有欧盟委员会的建议都应该建基于最可能的证据，是最科学的建议，或者对于为何一些证据是不可用的以及为何某一方案持续被认为给出合适的理由。
公开性（open to stakeholders' views）	对于所有关键的议题，利益相关人的意见都应该被搜集，同时记录在规制影响评价报告中。应该尽最大努力确保欧盟委员会已经寻求和考虑了足够广泛的意见。同时，不同观点的不同意见应该被解释和回应。
无偏见（unbiased）	一项规制影响评价分析必须是客观的和平衡的，为政策选择提供支撑必须有证据，其他的理由都是不合适的。
合作性（conducted in co-operation with other services）	一项规制影响评价分析的操作应该由某一机构牵头，同时在规制影响评价领导小组的领导下由其他机构配合。
嵌入性（embedded in the policy cycle）	对实施中以及回顾性的评估中得出的教训必须予以考虑。对未来监督的需求以及实施的挑战应该予以考虑。
透明性（transparent）	一项规制影响评价分析的可靠性有赖于以下内容的透明性：结果的展示、评估的解释、选择是否恰当以及局限的认同。

二、欧盟规制影响评价的主体及对象

（一）欧盟规制影响评价的主体

自 2002 年规制影响评价推出以来，欧盟委员会建立了一套系统的事前评价机制。[①] 欧盟的规制影响评价制度采用了集中和分散的审查机制。2006 年

① Alemanno A., *A Meeting of Minds on Impact Assessment: When Ex Ante Evaluation Meets Ex Post Judicial Control*, Social Science Electronic Publishing (2011).

影响评估指引中增设的跨部门指导小组提供了一种分散的审查形式，由欧盟委员会的各部门负责规制影响评价的实施；欧盟委员会设立的欧盟规制影响评价委员会则作为集中审查机构负责规制影响评价工作。

1. 成立背景

欧盟将评估的主体分为三个层级：第一层级是欧盟委员会内部各个适用部门，这些部门内部都有进行影响评估的具体机构；第二层级是欧盟的总秘书处，总秘书处负责汇总，以及核查欧盟委员会内部各个部门提交的影响评估结果的质量；第三层级是跨部门指导小组，这是与欧盟委员会内部的服务部相关联的一个部门性的组织。对于有横向影响的规制措施，进行规制影响评价是强制性的。然而，从建立之初，欧盟这种规制影响评价的体系就受到质疑，因为多层级的评估主体不但有叠床架屋之嫌，更主要是沟通不畅，最后导致“评估没有得到很好的合作以及监督”[①]。鉴于此，2006 年 4 月 4 日，在欧洲议会讨论“更好的规制”（better regulation）的全体会议上，时任欧盟主席巴罗佐回应了对规制评估机构的质疑，进而决定，由欧盟委员会在 2006 年 11 月 14 日，建立一个评估机构——规制影响评价委员会。

2. 组织结构及工作机制

规制影响评价委员会创立于 2006 年，隶属于欧盟主席直接统领的欧盟的总秘书处，规制影响评价委员会是欧盟委员会广义“明智”（SMART）规制的一部分，旨在与各规制部门相协调，整合各个部门，以实现对规制影响进行有效的评估。规制影响评价委员会作为美国信息与规制事务办公室的“欧盟版本”，其主要任务就是对规制影响评价的质量提出广泛的建议和意见，以确保相关部门和专门委员在评估制定中的责任感，帮助保证规制影响评价具有高质量，能够审查不同的政策选项并能运用于整个规制过程。[②]

规制影响评价委员会的成员包括：1 名副总秘书长以及 8 名固定职员，

---

① Renda, A., *Impact Assessment in the EU: The State of the Art and the Art of the State*. Brookings Institution Press (2006): p. 59. See Caroline Cecot, et al., “An Evaluation of the Quality of Impact Assessment in the European Union with Lessons for the US and the EU,” *Regulation & Governance* 4 (2008).

② European Commission, *A Strategic Review of Better Regulation in the European Union*, http://ec.europa.eu/transparency/regdoc/rep/1/2006/EN/1-2006-689-EN-F1-1.Pdf.

其中副总秘书长是整个委员会的主席，代表整个委员会，其他职员由副总秘书长任命，主管宏观经济、微观经济、环境与社会等领域的事务。委员会成员应当独立于其个人利益以及本部门利益采取行动，为相关的规制影响评价提供专业知识。参加委员会会议的小组包括主席和4名轮流代表，主席需要确保会议参与构成的平衡，以避免潜在的利益矛盾。所有欧盟委员会的规制影响评价报告草案都需要经过规制影响评价委员会审查。审查后，规制影响评价委员会将详细意见以“质量清单”的形式递交给相关部门主管。在这一过程中，规制影响评价委员会主要做以下工作。（1）进行一致性试验：审查欧盟委员会指导方针的应用以及规制影响评价工作的标准。（2）遵循比例分析原则：评价规制影响评价的分析程度是否与议案潜在的经济、社会与环境目标相称。（3）进行适应性检查：根据数据和所采用方案的可信度来分析规制影响评价的质量。当规制影响评价委员会认为需要在一些重要领域进行实质性改进时，会就如何改进影响评估草案向文件编写处提出意见，评估委员会可以要求其重新提交新的影响评估报告。在某些情况下，评估委员会再次提出的意见仍然可能被否定，甚至可能出现评估委员会第三次提出意见的罕见情形。

根据欧洲政策研究中心的研究，规制影响评价的工作机制在欧盟和英国有所不同。英国的规制政策委员会（Regulatory Policy Committee，RPC）[①]是一个独立机构，有自己的秘书处，不接受内阁办公室或政府其他部门的指示，英国的规制政策委员会在与各部门互动的过程中就政策制定提出建议，而不是就已完成的影响评估发表看法。[②] 与英国规制政策委员会的“幕后”工作不同，欧盟规制影响评价委员会能够对不同部门的规制影响评价发表意见。但欧盟的一部分规制影响评价工作也是比较封闭的。例如，欧盟委员会只公布了规制影响评价的最终版本，以及规制影响评价委员会对先前草案和立法提案的意见，但规制影响评价草案并没有公布于众。[③]

---

① 参见英国政府网站 https：//www.gov.uk/government/organisations/regulatory-policy-committee.

② Fritsch O. et al.，*Regulatory Quality in the European Commission and the UK：Old Questions and New Findings*，Social Science Electronic Publishing（2012）.

③ Meuwese A. C. M.，*Impact Assessment in EU Lawmaking*，Doctoral thesis at University of Leiden（2008）.

（二）欧盟规制影响评价的对象

规制影响评价的对象是规制影响，即规制政策的影响结果。[①] 美国只针对“主要”的规制措施运用成本收益分析进行规制影响评价。而欧盟并不像美国那样局限于主要规制措施。相反，欧盟要求对“广泛的政策倡议”可能产生的经济、社会和环境影响进行评估。

欧盟规制影响评价的对象既包括规制政策可能导致的经济影响，也涵盖了经济以外的社会、环境影响。欧盟规制影响评价的范围既包括具有约束力的法律文书，如条例（regulations）、指令（directives）和决定（decisions）等，也包括不具约束力的立法提案，如通信（communications）、白皮书（white papers）等。因此，欧盟规制影响评价体系的优势在于，欧盟委员会的评估范围更广泛，评估者也具有更多的灵活性和裁量权。[②] 当然，影响评估指引也排除了一部分评估对象：绿皮书、与社会组织进行协商的提案、欧盟委员会的定期决定和报告、负有国际义务的提议、由确保欧盟委员会的法律及行政决定正确实施的权力而派生出来的委员会措施等。[③]

欧盟的规制影响评价体系重点并非形式审查或程序性审查，而在于进行质量控制。一般来说，若满足以下两种条件，欧盟委员会就需要进行规制影响评价：（1）在明显不同的政策备选方案之间作出选择时；（2）能够预见具有重大且直接的经济、环境或社会影响时。如果满足上述条件，对于任何立法和非立法的举措，以及委托行为和执行措施，都需要依据比例分析的原则进行规制影响评价；如果没有满足上述条件，则无论议案的性质如何，都不需要进行规制影响评价。负责相关政策倡议的机构应当在政策规划过程中依据程序尽快决定是否需要进行规制影响评价。该机构首先需要描述问题和可能的政策选择，概括议案发展过程中的不同计划阶段，包括可预见的规制影响评价工作以及对利益相关者进行的咨询工作等。规制影响评价报告介绍了规制影响评价进程的最终结果以及欧盟委员会决策过程中的提案草案。在通

---

① 肖兴志、孙阳：《规制影响评价的理论、方法与应用》，《经济管理》2007 年第 6 期。

② Caroline Cecot, et al., “An Evaluation of the Quality of Impact Assessment in the European Union with Lessons for the US and the EU,” *Regulation & Governance* 4 (2008).

③ 郑宁：《欧盟委员会影响评估机制述评》，《贵州大学学报》（社会科学版）2008 年第 1 期。

过后，最终的规制影响评价报告将被公布，并连同被采纳的建议转交给立法会议员。[①]

三、欧盟规制影响评价的运作程序

欧盟的规制影响评价分为以下六个阶段。[②]

第一，识别问题。在这一阶段，规制影响评价机构需要识别出拟规制的问题，对问题本身需要有全面、客观的认识，不仅仅局限于规制或者不予规制的必要性和可行性，因为对问题本身的挖掘决定整个规制政策的进一步开展，这是一个先决问题。在识别问题阶段，要具体描述问题的内涵和外延，确定拟影响的主要群体，采取规制措施的必要性以及潜在的原因。进一步判断问题是否属于欧盟管辖，是否可以通过必要性以及增值测试。在这一阶段还要确立一个清晰的基准线框架，作为未来采取规制措施的比对标准，基准线框架要包括必要性分析、敏感性分析以及风险评估。

第二，确定目标。在识别了问题之后，下一步要确定规制的目标。只有确定了规制的目标，才能搞清楚规制的着力点，所以确定目标非常重要。然而，要确定一系列连贯的目标，必须对不同层次的目标作出区分，包括总括目标、细分目标、操作目标。三个层面的目标具体区分如下。（1）总括目标：这些目标应该是与条约要求的目标相一致的，这些目标与既有的政策是相连接的，这些目标应该促使政策制定者充分考虑具有相同或相似目标的既存政策，这些目标是与影响指标相连接的。（2）细分目标：这些目标要考虑拟采取的政策干预的细分领域和特殊本质；这些目标在评估过程中是重要的，因为它们设定了政策干预具体想达成的目标；这些目标与结果指标是相符的。（3）操作目标：这些目标是以可交付物的形式或者行动目标的形式设定的，这些目标是随着拟检测的政策变动而随时变动的，这些目标是与产出指标紧密相连的。

---

① European Commission. *Impact Assessment Guidelines*，2014.

② 此处只对评估的主要程序进行介绍，更为具体的程序内容参见 European Commission. *Impact Assessment Guidelines* 2009，Part 2。

在确定目标的过程中，要按照上述的层级来确定目标，即垂直的视角。同时，也应该看到，不同层级的目标之间有很强的联系，所以还应该增加一个水平的视角。这样确定的目标才是立体的、贴近实际的。

确定了三个层级的目标之后，对于每一个层级如何具体设定目标，欧盟委员会提出了应该遵循的明智原则，具体包括：可确定性（specific），目标必须是准确的和集中的，让所有人的理解都应该是相同或者相近的；可衡量性（measurable），目标必须能够以一定的可衡量的形式存在，以便于后期衡量目标是否实现，具体的可衡量的方式，可以是量化的，也可以是其他的非量化但是可衡量的方式；可接受性（accepted），如果目标对外界产生行为影响，那么受影响的一方必须是能够接受的；可实现性（realistic），目标及其层级的设定应该是有“野心的”——不但应该可以反映现在的情形，还应该反映未来的状况，这样被规制主体也认为规制措施是有意义的；时间确定性（time-dependent），目标设定的时间节点以及期限都应该是清晰的，否则没有意义。

第三，寻找主要的政策选项。为了实现目标，必须通过一定的手段，这个时候寻找政策选项非常重要。对于政策选项，要注意不要忽略以下选项：不进行任何规制的基准线，即维持现状；欧盟既存措施的中断；已经有相关法律，关于执行或者实施中的改进；自我规制或者合作规制；已经存在相关的国际标准。政策选项的选择必须紧密联系前面所述的识别出的问题和确立的目标，让政策选项成为二者之间的桥梁。对于政策选项的选择，最主要的是通过比例原则的适用来限缩选项的范围，进一步通过有效性、一致性等标准来确定一个未来分析的候选名单。

比例原则的适用可以通过询问以下问题来进行判断。其一，关于规制工具的范围：所做的选项是否超出了达成适宜目标的必要限度；所做的选项是否对欧盟各成员国实现各自的目标构成限制，同时对于整个欧盟更好；如果选项对于整个欧盟、各成员国政府、各个地区或者地方政府、经济体或者市民产生了成本，那么这些成本是否最低，同时与要达成的目标相称；为了达成设定的目标，社区的行动是否给国家的行动留下了尽可能多的空间；在适用社区法律的时候，国际安排以及应用于单独成员国的特殊情形是否也应该适用。其二，关于规制工具的本质：社区行动（工具的选择）是否足够简化，是否与目标的达成具有一致性、并可以有效施行；对于工具的选择是否有坚定的理由——规制措施，或者其他可供选择的如合作规制、自我规制等措施。对于以上问题的回答不能仅以是或者否来回答，应该提供各种定性或者定量的证据予以佐证。通过比例原则的测试，可以限缩政策选项的范围，以便进一步对选定的政策选项进行更深一步的分析。

第四，分析各个选项的影响。在这一环节，要对所有确定的选项的影响——无论直接的还是间接的——进行分析。分析的过程具体分为三个步骤：其一，分析每一个选项的影响，概括起来，每一个选项的影响不会超过三个大的方面，即经济影响、社会影响和环境影响；其二，对所有重要的影响进行量化评估；其三，对于最为重要的一些影响要进行更为深入的定性和定量分析。分析过程中的前两个环节尤为重要，因为无论是经济影响、社会影响还是环境影响都会涉及非常复杂的问题。根据欧盟 2009 年版的《规制影响评价委指引》，这三个方面的影响至少要回答以下一系列问题（参见表 2、表 3 和表 4）[①]。对于这些问题，不能简单用是或者否来回答，而是应该有详细的回答以及答案的背后支撑，这些可能不仅需要影响评估机构、欧盟现有的研究和数据，可能还需要借助外部专家以及公众的智慧共同回答这些问题。

在分析影响的过程中，两类直接的分配影响需要重点关注。其一，对于不同社会和经济群体的影响。所谓成本或收益很难一概而论，要区分探讨成本和收益时相对方是谁，由此来判断“胜利者”以及“失败者”。对此作辨别，有利于改善规制措施，减少障碍，消除消极影响。例如：一项措施，可能对消费者来说是受益的，但是对于企业来说是负担；一项措施，对欧盟各成员国和各地区来说可能有不同的影响。所以要注意，对于不同群体，影响是不同的。其二，对于既存的不平等的影响。可以比较一下规制措施对于区域、性别的影响，对于弱势群体的影响，看一下规制措施是否没有改变，或者不平等变得更加严重。比如，男女的性别不平等，规制措施实施以后，可能打破之前的不平等。所以对于既存的不平等应该格外关注。

---

① 参见 European Commission. *Impact Assessment Guidelines* 2009，Part 8。

表 2　经济影响

影响因素	主要问题
内部市场和竞争的运转	政策选择对货物、服务、资本以及工人的自由流动有什么影响（积极的或者消极的）？ 会导致消费者选择的减少、缺乏，使竞争价格过高吗？ 会给新的供应者和服务商带来更多的障碍吗？ 会为反竞争行为或者垄断的出现、市场分割等带来便利吗？
竞争、贸易和投资的流动	会给欧盟企业的全球竞争带来什么影响？会影响生产力吗？ 会对贸易壁垒有什么影响？是否会引发跨境投资流（包括经济行为的转移）？
成本和贸易安排的运转（中小型企业）	是否会给贸易强加额外的调整、服从或者交易成本？ 如何影响必要投入（原材料、劳动力、能源等）的成本或者可用性？ 是否会对金融的准入产生影响？ 是否会对投资周期产生影响？ 是否会导致特定产品被从市场回收？产品的销售是否受限或者被禁止？ 是否会给某一特定商业产品带来更严格的规制措施？ 是否会带来产业的新生或者关闭？ 在竞争的环境中是否会对一些产品或者产业区别对待？
对于产业的行政壁垒	是否会影响置于产业之上的信息义务（如所需数据的类型、报告的频次、提交程序的复杂程度）？
公共机构	是否有对于各个层级政府公共机构的预算（国家的、地区的、地方的），包括短期的和长期的？ 是否带来了额外的政府行政壁垒？ 是否需要创立新的公共机构或者对既存的公共机构进行重组？
财产权	财产权（土地，动产，有形、无形资产）是否会受到影响？ 财产权的获得、出售或者使用是否受限？ 是否会造成直接的财产损失？
创新和研究	是否会激发或者限制研究和发展？ 是否会给新的生产方法、技术、产品的介绍或者传播带来便利？ 是否会影响知识产权（专利、商标、著作权等）？ 会提升还是限制学术或者工业的研究？ 是否会提高生产力、资源利用效率？

（续表）

影响因素	主要问题
消费者和家庭	是否会影响消费价格？ 是否会影响消费者从国内市场的收益能力？ 是否会影响消费者购买货物、服务的质量和效用？是否会影响消费者的选择？ 是否会影响消费者的信心和经济保护？ 是否会对个人、家庭的金融状况产生重要的影响——无论是短期的还是长期的？ 是否会影响对于家庭和儿童的经济保护？
特定区域和部门	是否会对特定部门产生重要影响？ 是否会对特定领域产生特定影响（如对于工作岗位的创造或者丧失）？ 是否会有某一特定的欧盟国家、区域或者部门受到不成比例的影响？
第三国和国际关系	是否会影响欧盟以及其他第三国之间的贸易或者投资流？ 如何影响欧盟的贸易政策以及国际义务，包括在国际贸易组织当中？ 是否会影响特定群体（外国以及本国的企业和消费者）？如果会，那么会以什么样的形式？ 是否会涉及某些国际标准、一般规制措施或者国际规制对话？ 是否会影响欧盟的对外政策以及欧盟/欧盟委员会的发展政策？ 对于与欧盟先前就存在贸易的第三国有什么影响？ 是否会以不同的方式对处于不同（最不发达以及其他低收入或者中等收入国家）发展阶段的发展中国家产生影响？ 是否给发展中国家强加了理算费用？ 是否影响发展中国家生产、消费的货物或服务？
宏观经济环境	是否会对经济增长和就业产生整体性影响？ 是否有利于投资环境的改进以及市场的正常运转？ 是否对宏观经济的稳定有直接的影响？

表 3 社会影响

影响因素	主要问题
就业和劳动力市场	是否有助于创造新工作岗位？ 是否会导致直接或者间接的工作岗位丧失？ 是否会对特定的职业、工作群体、自我雇佣者带来特定的负面结果？ 是否会影响特定年龄段的群体？ 是否会影响劳动力的需求？ 是否会影响劳动力市场的作用？ 是否会影响私人、家庭以及职业之间的和谐？
与工作质量相关的标准和权利	是否会影响工作的质量？ 是否会影响工人、求职者的假期或者持续的培训？ 是否会影响工人的健康、安全以及尊严？ 是否会直接或者间接影响工人的既有权利和义务，尤其是与这些相关的反对解雇的信息和咨询？ 是否会影响年轻人工作的保护？ 是否会直接或者间接影响雇佣者既存的权利和义务？ 是否会导致整个欧盟雇佣标准的降低？ 给工作场所技术创新的适用和改变带来了便利还是造成了限制？
社会影响以及特殊群体的保护	是否影响了劳动力市场的准入或者劳动力市场的流动？ 是否带来直接或者间接的更大的平等或者不平等？ 是否影响了服务或者货物的平等准入？ 是否会对安置服务或者一些经济利益服务产生影响？ 是否会使公众对某一特定议题更容易知晓？ 是否会对特殊群体（如弱势群体或者穷人、儿童、妇女、老人、残疾人、失业者、少数民族、语言或者宗教上的少数人、寻求避难者）、公司、其他组织（如教堂）或者地方带来特殊影响？
性别平等，平等的机会，非歧视	是否影响非歧视原则，对所有人平等对待和所有人获得平等的机会？ 是否会对男性和女性有不同的影响？ 是否会对男性和女性进行了平等保护？ 是否对不同性别、种族、宗教、残疾人、不同年龄等群体或者个人造成区别对待，或者是否会造成间接的歧视？
个人，私人和家庭生活，个人数据	是否对个人强加了额外的行政要求，或者增加了行政复杂程度？ 是否影响隐私或者个人（包括他们的家庭以及社区）？ 是否影响个人的自由权？ 是否影响他们在欧盟内部的自由迁徙权？ 是否影响家庭生活或者有关家庭的法律、经济和社会保护？ 是否会影响儿童的权利？ 是否会影响个人数据的享有或者相关人员获取个人数据的权利？

（续表）

影响因素	主要问题
治理，参与，美好行政，公正的获得，媒体和道德	是否会影响利益相关者参与条约以及新的政府治理途径中提到的治理议题？ 是否所有的施行者以及利益相关者都被基于各自的多样性而予以公平对待？是否对文化以及文化的多样性产生影响？ 是否影响社会参与者在他们可以自主的领域的自治权，例如，是否影响各种层次集体商谈的权利或者采取集体行动的权利？ 建议措施的实行是否会影响公共机构以及行政，例如关于它们的职责？ 是否会影响个人的权利以及与公共行政之间的关系？ 是否会影响个人获得公正的途径？ 是否会在去裁判所之前预见有效的救济？ 是否会提前使公众对于特定议题得到通知，影响公众获得信息？ 是否会影响政党以及民间组织？ 是否会影响媒体、媒体多元性以及表达自由？ 是否会引发道德问题（如克隆、人体及其器官的获利使用、基因研究或者测试、应用基因信息等）？
公众健康和安全	是否会通过社会经济环境（如工作环境、收入、教育、执业、营养）影响个人或者人群的健康，包括生命预期、死亡率以及发病率？ 是否会由于对自然环境持续危害而提高或者降低健康风险的可能性？ 是否会由于噪声、空气、水或者油的质量的变化而影响健康？ 事发后会因为能源的适用或者废物的倾倒变化而影响健康吗？ 是否会影响与生命状态紧密相连的诸如食物、烟草、酒精、毒品等的应用？ 是否会对风险群体（由年龄、性别、残疾、社会群体、迁移率、宗教等决定的）有影响？
犯罪，恐怖主义以及安全	是否会对安全、犯罪或者恐怖主义产生影响？ 是否会影响犯罪被发现的概率或者影响罪犯在犯罪行为中的潜在收益？ 是否会提高犯罪数量？ 是否会影响法律的实施？ 是否会影响自由权、安全权、公正审判权以及辩护权？ 是否会影响受害人以及证人的权利？

（续表）

影响因素	主要问题
对社会保护、健康以及教育系统的准入和影响	是否会影响服务的质量以及所有人获得服务的公平性？ 是否会影响工人的教育和流动？ 是否会影响个人获得公立或者私立教育、度假以及继续教育的权利？ 是否会影响跨境的服务条款、跨境的引介以及边境地区的合作？ 是否会影响金融机构、社会以及医疗和保健服务的获得？ 是否会影响学术自由？
文化	是否会对文化遗产的保护有影响？ 是否会对文化多样性有影响？ 是否会对人们参与文化活动或者获得文化资源有影响？
对第三国的社会影响	是否会对第三国产生社会影响（这影响也与欧盟的首要政策相关，如发展政策）？ 是否会影响国际义务以及《非加太地区国家与欧洲共同体及其成员国伙伴关系协定》或者联合国千年发展目标对欧盟确定的义务？ 是否会提高发展中国家的贫困程度，或者是否会对最为贫穷的人群带来收入上的影响？

表 4　环境影响

影响因素	主要问题
气候	是否会导致温室效应的气体（如二氧化碳、甲烷等）排放进入大气？ 是否会影响臭氧消耗物质的排放（如全氯氟烃等）？ 是否会影响我们应对气候变化的能力？
交通和能源使用	是否会提高/降低能源和燃料的需求与消费？ 是否会影响经济的能源强度？ 是否会影响能源产品中的燃料混合应用（煤炭、汽油、核能、可再生资源）？ 是否会提升或降低交通（乘客或者行李）的需求或者影响交通划分方式？ 是否会提高或者降低车辆排放？
空气质量	是否会对可能影响人体健康，损害农作物或建筑物，导致环境恶化（土壤或者河流等）的酸化、富营养化、光化学的有害空气污染物的排放产生影响？
物种多样性，植物群，动物群以及风景	是否会减少任何地区的物种/品种/种族数量（如减少生物多样性）或增加物种的范围（如通过促进保护）？ 是否会影响受保护物种或濒危物种的栖息地或生态敏感地区？ 是否会将景观分割成较小的区域，或者以其他方式影响迁移路线、生态走廊或缓冲区？ 是否会影响受保护景观的风景价值？

（续表）

影响因素	主要问题
水的质量和资源	是否会降低或提高淡水和地下水的质量？ 是否会提高或降低沿海和海洋地区的水域质量（如通过排放污水、营养物质、石油、重金属和其他污染物）？ 是否会影响饮用水资源？
油的质量和资源	是否会影响土壤的酸化、污染或盐分以及土壤侵蚀率？ 是否会导致可用土壤的减少（如通过建筑或建筑工程）或增加可用土壤的面积（如通过土地去污）？
土地应用	是否对首次使用的新的土地（“绿地”）产生影响？ 是否影响因生态原因而被指定为敏感的地区？ 是否导致土地应用的变化（如城乡之间的差距或农业类型的变化）？
可再生和不可再生资源	是否影响可再生资源（鱼类等）的使用以及导致它们的使用速度比不可再生的要快？ 是否减少或增加不可再生资源（天然气、矿物等）的使用？
公司和消费者的环境结果	是否影响可持续的生产和消费？ 是否改变了对环保友好和不友好产品的相对价格？ 是否通过改变资本投资、贷款、保险服务等方面的规定来促进或限制对环境友好和不友好的商品和服务？ 是否会导致企业通过改变运营方式来增加或者减少污染？
废品/代际/回收	是否会影响废物的产生？废物是如何处理和回收的？
环境风险的范围或者可能性	是否会影响火灾、爆炸、崩塌、事故或者事故排放的发生或者避免？ 是否会有未经授权或无意中传播环境外来物种或转基因生物的风险？
动物福利	是否会影响动物的健康？ 是否会影响动物的福利（如动物的人道主义对待）？ 是否会影响食物和种子的安全？
国际环境	是否会对第三国产生环境影响（这影响也与欧盟的首要政策相关，例如发展政策）？

第五，比较各个选项。对于与目标紧密结合的各个选项，都要对其积极的和消极的影响进行评估。通过对各个选项的影响或者对利益相关方的影响的汇总，把各个选项的比照结果展示出来。可以把相对倾向的选项选出来。

第六，列明评估结果和拟采用的选项。列明可能的干预措施的主要目标的核心影响因素，为拟采用的选项提供更全面的描述。

四、欧盟规制影响评价的方法

欧盟政策评估过程的一个重要特点就是使用成本收益分析及相关工具，对规制可能导致的经济、社会、环境影响及其成本和收益进行量化分析，旨在以最小成本实现最大收益，并在这一过程中实现社会总福利的增加。[①] 在进行成本收益分析时，欧盟采用比例分析的原则来识别影响程度和控制评估成本，要求规制影响评价的深度和质量应当与议案所产生的可能影响相关。“如果对市场以外因素的影响在监管政策造成的所有影响中所占比例很小，就没有必要投入大量资源对其影响价值进行评估。”[②] 而对那些重要的政策倡议，欧盟则采用更严格的分析标准，从而使得规制影响评价效率更高、更便于管理。

成本收益分析有助于运用量化方式来明确不同规制政策的潜在影响，但这一方法必须采用量化和货币化的计量方法，过多地强调了市场和效率的原则，因而难免会忽视社会的公平问题。因此，除成本收益分析之外，欧盟委员会还采用了成本有效性分析和风险分析作为补充。成本有效性分析主要用于对社会性规制的评估，通过非量化的方式来比较和评价不同规制的成本和收益；而风险分析则主要用于分析各类风险对经济、社会、环境的可能不利影响，以提前采取风险防范措施。[③] 此外，欧盟的规制影响评价还运用了敏感性分析来检验在基准情形变化的情况下，不同值的关键变量对政策方案是否会产生显著影响，以此来验证假设的可靠性。[④]

根据 2014 年修订的影响评估指引，欧盟的规制影响评价目标在于回答以下关键问题：要解决的问题是什么以及为何称其为问题？为什么欧盟应该采取行动，而不是会员国单独行动？应该达到怎样的目标？实现目标的不同方法是什么？这些问题的经济、社会和环境影响是什么，谁将受到影响？如何

① Caroline Cecot, et al., “An Evaluation of the Quality of Impact Assessment in the European Union with Lessons for the US and the EU,” *Regulation & Governance* 4 (2008).

② 刘东洲：《比较西方监管影响评估分析标准——以美国、欧盟和经济合作与发展组织为参照》，《北京工商大学学报（社会科学版）》2008 年第 4 期。

③ 席涛：《欧盟监管：一个制度性分析框架》，《经济理论与经济管理》2006 年第 9 期。

④ 张芳雪：《中国的立法评估路在何方——欧盟方法的评析与借鉴》，《牡丹江大学学报》2011 年第 1 期。

比较不同选择的收益和成本？如何监测并进行追溯性的评估？

欧盟的规制影响评价报告应当按顺序回答这些相互关联的问题，首先从广义的问题定义、目标以及可能的解决方案开始，然后缩小范围、找到最相关的内容，寻找答案的过程必然是循环往复的。只有在设定目标并评估备选方案的影响后，才能使辅助性原则和比例性原则得到充分遵循。在回答这些问题时，需要适用以下原则：（1）在决定分析的重点和深度时，思考并关注什么才是与决策相关的；（2）使用现有政策框架的追溯性评估结果作为规制影响评价的起点，挖掘委员会其他机构的专门知识，以便考虑和适当评估所有相关问题；（3）选择最合适的方法收集数据、分析影响，并考虑外部研究的必要性；（4）设计咨询策略，以便能够就所有关键的规制影响评价问题进行协商，并将结论与利益相关者的观点进行比较，辨别其中的重大差异；（5）在整个规制影响评价报告中，尽可能运用证据来支持观点（如数据、估计、科学发现），如果不能支持观点，则需要说明原因。此外，也需要参考利益相关者的观点。①

五、欧盟规制影响评价的效果及评价

（一）对欧盟规制影响评价委员会的评价

1. 欧盟规制影响评价委员会的积极影响

自 2006 年规制影响评价委员会成立以来，许多研究机构和学者对这一机构设立所发挥的实际作用进行了调查。欧洲政策研究中心的研究表明，规制影响评价委员会对欧盟委员会的规制影响评价体系确实产生了积极影响，在一定程度上提高了规制影响评价的质量。② 欧洲审计院认为，欧盟委员会已经建立了一种完善的规制影响评价体系，它能够广泛运用于欧盟的各个机构之中，同时也能够为政策制定提供有效的支持。根据欧洲审计院的调查报告，规制影响评价对于“更好的规制”作出了一定的贡献。一方面，它系统地分

---

① European Commission，*Impact Assessment Guidelines* 2014.

② Fritsch O. et al.，*Regulatory Quality in the European Commission and the UK：Old Questions and New Findings*，Social Science Electronic Publishing（2012）.

析了欧盟立法的规划和方案，同时估计了他们的可能影响；另一方面，它提供了一种在政策制定过程中应对挑战和解决问题的基本方法。① 欧盟委员会将规制影响评价作为政策制定过程的重要组成部分，并利用该项评估来完善其政策倡议。此外，欧洲议会和欧洲理事会也认为，规制影响评价报告在审查欧盟委员会的倡议时是很有帮助的。② 欧洲审计院认为，规制影响评价委员会作为一种内部审查机构，对相关部门已经施加了一定压力，从而有助于制定高质量的草案报告。此外，评估委员会的意见能够发布到欧盟委员会的规制影响评价网站上，这有助于整个系统透明度的提高。

2. 欧盟规制影响评价委员会的不足与完善

在肯定其积极作用的同时，规制影响评价委员会的构成和权限也遭到了一些质疑。例如，游说者、国内决策者和欧洲议会提出了许多问题：规制影响评价委员会是否具有足够的独立性？规制影响评价委员会是否能够对欧盟委员会形成有力的挑战？规制影响评价委员会是否应该像英国的规制政策委员会一样由独立专家组成？等等。③ 许多人认为，规制影响评价委员会的独立性只是形式的而非实质的。规制影响评价委员会的成员是欧盟委员会各部门的官员，由欧盟委员会主席任命，这意味着规制影响评价委员会实质上成为欧盟委员会的内部机构、服从于欧盟委员会主席的领导。即使规制影响评价委员会的成员是依据其专业知识行事的，在某些情况下，欧盟的一些总局也会介入并对规制影响评价进行审查，欧洲议会等其他的欧盟机构也会参与审查。规制影响评价委员会只能推迟某些影响评估草案，但却无权否决欧盟委员会的影响评估，更不能迫使政策倡议者按照其希望的方向作出改变。④

例如，阿莱马诺（Alemanno）认为，一般情况下，规制影响评价委员会的意见不具有约束力，其对规制影响质量的评估很弱，因此，不能将评估委员会视为欧盟委员会的规制监管者；规制影响评价也不属于立法程序的一部

---

① European Court of Auditors，*Impact Assessment in the EU institutions：Do They Support Decision Making?*，Publications Office of the European Union（2010）.

② European Commission，*Impact Assessment Board Report For* 2011，*SEC*（2012）101 *final*.

③ Meuwese A. C. M.，*Impact Assessment in EU Lawmaking*，Doctoral thesis at University of Leiden（2008）.

④ Meuwese A. C. M.，*Impact Assessment in EU Lawmaking*，Doctoral thesis at University of Leiden（2008）.

分，它对于任何欧盟机构来说都不是强制性的。但规制影响评价委员会的建立仍然对欧盟委员会的规制影响评价体系产生了一定的影响，规制影响评价也有助于在欧盟的立法者以及欧盟的司法机构之间达成一种共识。[①] 欧洲政策研究中心指出，在一定条件下，规制影响评价很可能会发展成为一种党派政治控制，而不是对拟议法规进行更严格的经济评估。[②] 贝内德蒂（Benedetti）指出，除了委员会的构成、独立性以及委员会成员资质的问题引发争议之外，还有一个非常关键的问题，就是整个规制影响评价委员会组织的有效性问题。委员会成员必须在宏观经济、微观经济、环境以及社会这四个领域具有足够的胜任能力，因而规制影响评价委员会必须具有综合评价规制影响评价的专业知识。

针对规制影响评价委员会的权限问题，欧洲议会提出从以下方面进行改善：（1）欧洲议会以及欧洲理事会必须在任命前对规制影响评价委员会成员的独立性进行审查，评价委员会的成员不再服从于欧盟委员会主席的领导；（2）各政策领域专家以及利益相关团体的参与能够影响规制影响评价委员会的工作；（3）欧洲议会，特别是有关的委员会要事先且全面参与到整个影响评估过程以及规制影响评价委员会的工作中。[③]

（二）对欧盟规制影响评价效果的评价

1. 欧盟规制影响评价取得的成就

不同研究者运用不同的方式对欧盟的规制影响评价进行了评价，并肯定了这一评估体系的积极作用。奥波库（Opoku）和乔丹（Jordan）指出，规制影响评价能够使立法者明确其政策选择可能产生的影响，因此，这项方法对于欧洲立法者的好处是显而易见的。[④] 伦达（Renda）指出，规制影响评价是

---

① Alemanno A.，*A Meeting of Minds on Impact Assessment*：*When Ex Ante Evaluation Meets Ex Post Judicial Control*，Social Science Electronic Publishing（2011）.

② Meuwese A. C. M.，*Impact Assessment in EU Lawmaking*，Doctoral thesis at University of Leiden（2008）.

③ European Parliament，*Guaranteeing Independent Impact Assessments*，2010/2016（*INI*）.

④ Camilla Opoku，Andrew Jordan，*Impact Assessment in the EU*：*A Global Sustainable Development Perspective*，Paper presented at the Berlin Conference on the Human Dimension of Global Environmental Change，Berlin 3 - 4 December 2004.

欧盟机构实现里斯本战略的一条捷径，规制影响评价方法能够提高政策过程中的认知程度、透明度、效率和责任，对于提高立法质量非常有利，同时还有利于减少商业成本和行政成本。① 塞科特（Cecot）和哈恩（Hahn）等人以美国的评估作为比较基准，全面分析了自欧盟成立以来使用规制影响评价的情况。在对 111 项欧盟规制影响评价质量进行审查后发现，欧盟的影响评估比过去包含了更多的经济信息，但一些比较重要的条目中仍然缺乏经济分析。此外，欧盟规制影响评价的质量随着提案的预期成本而提高，这一点是与比例分析标准相吻合的。与那些认为欧盟规制影响评价质量较低的研究结果不同，塞科特和哈恩等人研究发现，那些总费用超过 1 亿美元的欧盟规制影响评价质量与美国就主要法规所作的规制影响分析的质量不相上下。②

根据伦达的研究，欧盟规制影响评价的数量自 2006 年以来大幅度增加。截至 2009 年底，欧盟委员会已完成 475 项规制影响评价。在 2003 至 2009 年期间，一些欧盟委员会的部门完成了超过 60%的规制影响评价，包括运输和能源、环境、司法自由和安全、企业和工业和国内市场等领域。伦达的研究数据表明，随着时间的推移，欧盟委员会的规制影响评价已经越来越完整和透明。特别体现在以下几个方面：第一，对经济、社会和环境影响的定性或定量评估更加系统。在 2005 年，只有不到 30%的规制影响评价分析了环境影响，不超过 70%的评估考虑了经济和社会影响；2009 年，已经有 60%的规制影响评价对环境影响进行了分析，而几乎所有规制影响评价都考虑到了经济和社会影响。第二，对政策备选方案的评估更加系统。与 2004 至 2005 年的数据相比，欧盟委员会的规制影响评价中，政策备选方案的成本和收益更经常地被量化和货币化。到 2010 年，在大约 30%的情况下，欧盟委员会提供了政策选项的净收益或成本收益指标。第三，欧盟委员会规制影响评价的复杂程度正在提高。越来越多的规制影响评价采用了高难度的经济分析，比如，欧盟委员会在评估未来影响时，会经常地进行风险评估，并通过敏感性分析

---

① Renda A., *Impact Assessment in the EU: The State of the Art and the Art of the State*, Centre for European Policy Studies (2006).

② Caroline Cecot, et al., "An Evaluation of the Quality of Impact Assessment in the European Union with Lessons for the US and the EU," *Regulation & Governance* 4 (2008).

来检验假设的可靠性。[①]

弗里茨（Fritsch）和拉达埃利（Radaelli）等人对英国和欧盟的规制影响评价进行了分析。其研究表明，英国和欧盟委员会正在认真对待规制影响评价，而并非敷衍了事。在英国和欧盟，规制影响评价在事前政策评估的许多关键要素上都取得了高分，过去被忽视的一些问题现在正在稳步地得到解决，社会和环境影响分析也得到了完善。值得注意的是，欧盟的规制影响评价范围更广且并不仅仅局限于经济维度的分析，其在社会和环境影响评估方面已经超过了英国。总体质量水平的提高不仅是英国和欧盟采用标准成本模型的结果，强有力的监督、组织的及时学习以及更精确的指导方针都发挥了很大的作用。弗里茨和拉达埃利等人认为，由于英国和欧盟的经济分析和成本收益分析都保持在高水平，规制影响评价的独立性问题就显得不再那么重要了。[②]

2. 欧盟规制影响评价的不足与完善

尽管规制影响评价在欧盟的政策制定过程中起到了一定的积极作用，仍然有研究机构和学者认为，欧盟的规制影响评价还有很大的改进空间。2007年，英国有限合伙评估组织在其评价报告中指出，欧盟规制影响评价体系在提高欧盟委员会的提案质量和促进决策方面的作用有限，许多规制影响评价都流于形式，分析缺乏全面性和深入性。[③] 李（Lee）和柯克帕特里克（Kirkpatrick）的研究认为，欧盟委员会完成的前六项影响评估令人失望。[④] 弗里茨和拉达埃利等人认为，如果将经济分析缩小到成本效益分析的具体项目，就会发现欧盟和英国在量化和货币化方面仍然存在问题，这种缺陷可能会导致重要数据的缺失、大量时间和资源的浪费以及有限的预期效果。[⑤] 维伯特（Vibert）采用记分卡的方法分析了欧盟委员会实施的前 20 项规制影响评价，

---

① Renda A.，“The Development of RIA in European Countries：An Overview，” *SSRN Electronic Journal*（2010）.

② Fritsch O. et al.，*Regulatory Quality in the European Commission and the UK：Old Questions and New Findings*，Social Science Electronic Publishing（2012）.

③ 参见郑宁《欧盟委员会影响评估机制述评》，《贵州大学学报（社会科学版）》2008 年第 1 期。

④ Lee N.，Kirkpatrick C.，*A Pilot Study of the Quality of European Commission Extended Impact Assessments*，Impact Assessment Research Centre Working Papers（2004）.

⑤ Fritsch O. et al.，*Regulatory Quality in the European Commission and the UK：Old Questions and New Findings*，Social Science Electronic Publishing（2012）.

发现只有一半的规制影响评价计算了成本和收益，只有 11 项评估包含了有关市场备选方案的信息，只有 2 项提供了同行评审。[①] 塞科特和哈恩等人在研究中指出，欧盟规制影响评价的缺点在于欧盟委员会没有明确界定任何具体分析的标准，也没有向分析人员提供任何具体指导，这使研究者很难评价这一体系，公众和利益相关者也很难追究欧盟委员会对低质量评估的责任。2007 年的一项调查结果表明，56％的欧盟官员不清楚如何执行比例分析原则，只有 20％的人很清楚这一原则。政策在分析之前并没有按照经济方面的重要性排序，而是由每个分析人员确定适当的评估水平，分析人员也不必报告被评估的各项规制的重要性，那么外部研究人员就很难获知该议案的预期影响，也就难以对评估的质量作出任何推断。[②]

奥波库和乔丹对 2003 年和 2004 年完成的 41 项规制影响评价进行了研究，分析这些评估在多大程度上考虑到了欧盟政策的境外影响，特别是对于发展中国家的潜在影响。其研究表明，尽管规制影响评价是立法进程中非常关键的工具，但它绝对不能取代政治辩论以及立法者民主合法的决策过程，因而必须制定更加清晰的指导方针，进行更加彻底的协商，以完善这项制度。[③] 卢西斯（Lussis）研究了 13 项事前规制影响评价，这些评估分别由不同的总局推动，并涉及涵盖广泛领域的政策，包括发展、能源、运输、环境、渔业、信息社会、司法和国内市场等领域，他呼吁在欧洲议会内部建立具有自主性的规制影响评价机制，并且欧洲议会的所有机构都应当运用这一评估机制来完善立法。[④]

伦达认为，在规制影响评价中，很难全方位掌握规制议案对社会、环境和经济的影响。伦达运用记分卡分析了 2003 年 1 月到 2005 年 6 月的前 70 项规制影响评价，通过检验汇总统计的数据，发现规制影响评价往往没有涵盖

---

① Vibert F.，*The EU's New System of Regulatory Impact Assessment—A Scorecard*，European Policy Forum (2004).

② Caroline Cecot，et al.，"An Evaluation of the Quality of Impact Assessment in the European Union with Lessons for the US and the EU，" *Regulation & Governance* 4 (2008).

③ Camilla Opoku，Andrew Jordan，*Impact Assessment in the EU：A Global Sustainable Development Perspective*，Paper presented at the Berlin Conference on the Human Dimension of Global Environmental Change，Berlin 3 - 4 December 2004.

④ Lussis B.，*EU Extended Impact Assessment Review*，Institut pour un Développement Durable (2004).

重要的经济信息，而且评估的质量和全面性似乎在随着时间的推移而降低。[①] 伦达认为，虽然欧盟委员会成功地系统利用了规制影响评价，但欧洲议会和欧洲理事会等其他机构却未能对欧盟委员会提案进行很好的修正。例如，欧洲议会已经通过委托外部研究和简要记录逐渐取代了规制影响评价的做法。这也意味着，一旦在共同决策程序中对提案进行修正，欧盟委员会的规制影响评价就失去了典型性，并失去了对各成员国政府的效用。[②]

伦达进一步指出，与测量行政负担、采用协商程序、事后监测评价等其他工具相比，规制影响评价需要公共行政部门和官僚文化发生更深刻的变化。在英国的新公共管理浪潮、美国的政府重塑运动等公共管理改革背景下，首先将规制影响评价纳入决策过程的是英美法系国家。其他国家，特别是大陆法系国家，已经开始致力于发展事前规制影响评价，但多年来都未能在实质性的立法进程中充分落实。因此，规制影响评价在采纳和落实之间出现了明显差距，各国政府在试图将这一程序纳入决策的过程中也存在着分歧。总体来看，要完善欧盟的规制影响评价体系，需要从以下方面作出改进：（1）要对欧盟委员会的规制影响评价进行更有力的监督，包括巩固规制影响评价委员会，强化规制专家组以及独立的利益相关集团等现有组织的角色，使这种监督制度化，而不是建立新的独立机构。（2）欧盟委员会需要有效管理资源，重视对那些关键的、具有约束力的提案进行分析，而不是对一系列广泛的政策文件进行评估，同时还需要在事前和事后的影响评估之间谨慎分配资源。（3）规制影响评价需要在选择议案上加以控制，从而具有更强的针对性，应当更密切关注欧洲理事会每年发布的欧盟议程中的优先战略。此外，要依据比例原则来决定分析的深度和范围，分析比例应取决于议案的整个政策周期以及规制影响评价的重要程度。这项工作可由规制影响评价委员会执行。（4）需要明确标准成本模型的未来作用及其与规制影响评价体系的关系。目前很多问题仍然模糊不清：标准成本模型的应用是否比规制影响评价更为广泛，是否需要对每一项具有约束力的议案进行系统和全面的量化，是否要将

---

① Renda A.，*Impact Assessment in the EU：The State of the Art and the Art of the State*，Centre for European Policy Studies（2006）.

② Renda A.，"The Development of RIA in European Countries：An Overview，" *SSRN Electronic Journal*（2010）.

其扩大到合规成本，目标是否是纯净的，基准线能否保持活性，欧盟委员会是否需要在其议案进入共同决策程序时对每一项行政负担进行重新量化，等等。(5) 可通过落实有关行政负担的行动计划、将标准成本模型作为实现“更好的规制”的捷径来实现多层次的合作。同时还需要制定更复杂的保障措施，以确保计量结果在欧盟与各国之间的协调。[①]

第三节 OECD 规制影响评价的概况、主体和对象以及基本运作

一、OECD 规制影响评价的概况

(一) OECD 规制影响评价的内涵

自美国最早实行规制影响评价制度以来，规制影响评价现已在欧盟、OECD 以及全球很多国家和地区建立起来。一项规制影响评价实际是为决策者制定决策提供支持的一份分析报告，其核心组成应当包括以下几种要素：提案的标题、规制政策的目标及预期效果、对政策问题的评价、对替代性选择的考虑、评估所有的影响分布、公众咨询的结果、遵从的策略以及规制和评估的进程。

规制影响评价不能代替政策制定，而只是为政策制定提供信息以及证明政府行为的正当性。尽管规制影响评价制度可能被视为一份记录性文件或者分析报告，但是更宽泛地说，它是一个对政策提案进行质询的体系或流程。规制影响评价总体目标是对政府提供协助，使其所制定的政策更加有效。OECD 在 2002 年明确指出，规制影响评价对规制质量作出的最重要的贡献并非使用了精确的计算方法，而在于其独特的分析方式——提出问题、弄清对

① Renda A., “The Development of RIA in European Countries: An Overview,” *SSRN Electronic Journal* (2010).

现实世界的影响以及研究既有的假设。① 不难看出，规制影响评价制度是一项比较分析法，它基于两个主要方面：一是确定规制所追寻的根本目标，二是分析识别所有有助于实现这些目标的政策干预。所有这些可行性的替代性选择都必须以同样的方式进行评估，帮助决策制定者了解不同选择的效果与效率，并进而确保作出最好的选择。过去的几十年中，规制影响评价在OECD国家中被迅速推广，目前，采用规制影响评价的OECD成员国增至34个，② 规制影响评价的执行也在一步步稳定推进并不断取得新的成功，由最开始主要适用于部分规制领域，到如今扩展至所有规制程序。现在，规制影响评价已成为改进规制质量的强有力支撑。

尽管规制影响评价在执行过程中具备一些极为关键的因素，但是却并不存在执行规制影响评价唯一的正确模式，规制改革的合适路径取决于不同国家特定的政治、文化和社会特点。规制影响评价并不是完善的，美国、加拿大、英国、澳大利亚等最有经验的国家也在对规制影响评价的方法和适用范围不断进行调整。因此，OECD规制影响评价并不是僵化死板的，而是需要成员国结合自身实际国情和时代需要探索适合自己的规制影响评价模式，真正使其助力于本国的规制改革，促进国家社会各方面的发展，同时为OECD对规制影响评价的研究注入新的活力。

（二）OECD规制影响评价制度的产生与发展

1. 产生背景

20世纪60年代，美国面临严重的规制过度问题，社会各界要求放松规制的呼声日渐强烈，政府需要采用一套方法来对规制进行衡量，以确定哪些是必要的、哪些是不必要的或效率低下的。正是在这样的背景之下，以成本收益分析为核心的规制影响分析制度在美国滥觞，成本收益分析成为衡量规制政策必要性的准则。规制影响分析制度能在美国得到长期运用与发展，更深层次的原因在于透过成本收益分析，政府最终可以实现“理性规制”的目

---

① *Regulatory Policies in OECD Countries: From Intervention to Regulatory Governance*, OECD (2002): p. 47. ISSN: 19900481 (online). https://doi. org/10. 1787/19900481.

② 2014 Regulatory Indicators Survey results, www. oecd. org/gov/regulatory-policy/measuring-regulatory-performance. htm.

的。如果说发轫于19世纪中后期的政府规制理论的逻辑起点是纠正市场失灵的现象，那么，开始于20世纪70年代的规制改革的逻辑起点便是修正规制失灵的现象。正如市场失灵一样，政府规制同样也面临着失灵的危险。美国等西方发达国家出现了所谓的规制改革浪潮，起初其主要目的是规制放松。随着规制改革的深入，许多发达国家逐渐意识到，规制放松和追求市场自由化并不能解决所有问题。此外，随着社会经济的进步与发展，出于社会公益的人文关照，对产品质量、工作安全、环境保护和卫生健康等方面的社会性规制日益增多。[①] 因此，当前西方在重新认识到政府弥补市场缺陷作用的基础上，掀起了一场以提高政府规制质量为目标的规制改革。规制影响评价不仅可以作为一种科学的方法来帮助规制机构进行绩效评估，对规制政策的必要性作出准确判断，以改进规制机构的可问责性，而且在现阶段更为重要的是能为规制机构提供一种促进理性决策、提高监管质量的决策程序。这也解释了为什么在监管过度情形已经得到缓和的情况下，美国第104届国会仍然倡议在法律中明确规定成本收益分析原则。[②] 当下，几乎所有的OECD成员国都将规制改革置于政府改革的首要位置，并明确指出了规制影响评价的作用，即能够帮助成员国最大限度地确保规制高效。有效的规制政策能够实现政策制定的目标，而收效大的规制则能以于所有社会成员而言最小的成本来实现规制目的。由此可见，作为西方规制改革结果的规制影响评价制度有着重要的历史和现实意义，OECD的这一探索对于改善成员国规制质量、提升社会的经济效率和国家竞争力而言都意义重大。

2. 发展轨迹

早在1995年，OECD理事会就如何提升政府规制质量问题所提出的建议中就明确列出OECD成员国在制定规制政策时需要参考的清单，系统使用规制影响评价是清单的重要内容之一。1996年5月，OECD举行了以“规制影

---

① 吴英慧：《政府规制质量理论及其对我国的启示》，《吉林省教育学院学报》2008年第2期。

② 美国行政法有其监管过度的背景，但是对于其他国家而言，是否存在监管过度的情况已经变得不重要了，重要的是现代国家都必须承担监管的职责，那么提升监管的质量就成为现代监管型国家最重要的一项任务。参见马英娟《美国监管影响分析制度述评》，《法商研究》2008年第1期。

响分析：在 OECD 国家最好的实践”为主题的会议。[①] 会议主要讨论了规制影响评价的发展情况，并对各国经验进行了交流。1997 年 5 月 27 日，OECD 成员国部长签署了一份 OECD 规制改革报告，建议成员国政府“将规制影响评价整合进入规制的完善、复查以及改革的整个过程之中”。1997 年，OECD 出版了《规制影响分析：在 OECD 国家最好的实践》，该报告详细介绍了规制影响评价在加拿大、英国、美国以及澳大利亚等发达国家的适用情况和历史发展，并比较了不同规制影响评价体系的组成要素以及实践情况。2004 年，OECD 公布的《规制影响分析目录》（*Regulatory Impact Analysis Inventory*）中，全面调查与分析了美国、英国、澳大利亚，丹麦、新西兰、韩国、墨西哥、奥地利和挪威等 31 个成员国的规制影响评价制度的实施情况。2005 年，《OECD 国家规制影响分析对发展中国家的挑战》（*Regulatory Impact Analysis in OECD Countries Challenges for Developing Countries*）中全面介绍了规制影响评价在发展中国家的实践经验，并指出了此类国家在设计和有效运用规制影响评价时需要注意的问题。2008 年，OECD 出版了《建立一个规制影响分析的制度性框架：政策制定者指导》（*Building an Regulatory Impact Analysis：Guidance for Policy Makers*），该书详细且系统地介绍了规制影响评价的相关情况，为规制政策的制定者构建符合国情的规制影响评价制度并进行合理规范的规制影响评价提供了参考。同年 10 月出版的《进行规制影响分析入门手册》（*Introductory Handbook for Undertaking Impact Analysis*）则进一步对相关问题加以分析介绍，帮助 OECD 国家加深对规制影响评价的认识和了解，以更好地实施规制并实现提升规制质量的目标。2015 年出版的《2015 年 OECD 规制政策概览》（*2015 OECD Regulatory Policy Outlook*）对 OECD 国家在实行好的规制方面所取得的进步进行了评价。文中指出，虽然目前规制影响评价的适用范围已经得到极大扩展，并取得了极大的进步，但是仍面临诸多挑战，因此，规制影响评价仍存在提升和完善的空间。

---

① 与会者是来自 OECD 25 个成员国的规制影响评价的实践者和规制政策办公室的官员、独立的专家学者以及商界和工会代表。此次会议主持者分别是美国行政管理和预算局的信息与规制事务办公室的 Sslly Katzen、芬兰财政部公共管理部门高级顾问 Juhani Korhonen 以及英国内阁办公室放松规制中心的副指导员 Bryan。

（三）OECD 规制影响评价的制度依据

在开始设计和执行规制影响评价程序之前，政策制定者需要考虑是否具备一些基本的前提条件，例如评估各经济部门以及各法规能否使规制影响评价取得最大收益，如何将可能的结果整合进政策制定程序等。评估引进规制影响评价所需条件可以考虑如下因素：引进规制影响评价所需的政治承诺水平、行政部门的机构组成、规制影响评价能够在决策制定过程中产生影响的方法。OECD 的经验表明，引进规制影响评价既需要最高层级的政治支持，同时也需要不同层级的法律制定机构的支持。

1. 政治支持

寻求政治支持取决于对行政机构内外关键利益相关者的确定。为确保规制影响评价成功，行政机关内部最明显的利益相关者包括向总统和（或）总理提供咨询的机构、总统和（或）总理的内阁、司法部、财政部、经济和（或）贸易部、参与法律制定的机构的法律部门、议会及其咨询机构和法律机构。若要顺利引进并实行规制影响评价就需要获得以上七个主要利益相关者的政治支持。这一群体可以得到商业协会、消费者协会、专业学者等外部利益相关者的支持，他们不仅可以提供建议来帮助传播规制影响评价的相关知识，而且可以促使他们的利益在决策制定早期得到考虑。

2. 法律基础

国际经验表明，政府应该就如何发展规制影响评价体系发表一份明确的声明。一些 OECD 国家已经在作相关努力，它们通过法律或判决来对规制影响评价应用的范围以及使用方式加以明确。为规制影响评价提供法律支持的形式因不同国家而有差异，但是它们都能以处理相同问题的判决或法律作为先导。过去数年中，越来越多的 OECD 成员国通过法律来保障规制影响评价的实施，最常见的是要求确定规制的成本和净收益。在一些国家，规制影响评价的分析报告被送至国会，以便立法者能更好地判断新法和规制的质量，或者由部长或副部长直接签署分析报告。一方面，这一方式有助于标准和结果的一致性，确保政策具有较高透明度，从而更好地实现规制影响评价；另一方面，这种做法也证实了政府对规制改革的重视，有助于维持公众信心和保护公众参与规制程序的机会。OECD 国家采用了不同的法律形式支持规制影响评价，比如法律、总统令、行政命令、内阁指令、总理指示等。以这些国家的经验为依据，上述法律形式可以分为四组：以法律为基础（捷克、韩国、墨西哥），以总统命令为基础（美国），以首相法令或首相指示为基础（澳大利亚、奥地利、法国、意大利、荷兰），以内阁指令、内阁决定、政府决断、政策指导为基础（加拿大、丹麦、芬兰、日本、新西兰、挪威、波兰、德国、葡萄牙、瑞典、英国）。① 需要注意的是，规制影响评价的具体实施仍然取决于不同国家的历史背景、行政文化以及高级官员的承诺。

二、OECD 规制影响评价的主体及对象

（一）评价主体

1. 工作人员安排

规制影响评价工作人员安排的主要目标是评估政府机构现有资源，以及资源能用于执行规制影响评价的能力。组建一个跨职能的核心团队是非常重要的。除政治支持之外，规制影响评价也需要技术专家的支持。需要的关键要素包括：（1）政治，这一要素可为政治目标的实现以及应对变革阻力提供指导建议；（2）法律，这对于法律部门、司法机关适用和解释法律而言非常关键；（3）经济，对拟议规制的经济成本进行估算并使用经济统计资料进行实证分析；（4）沟通，这对于处理内外部咨询以及分析结果的公开都很重要。行业主管部门和规制者对规制影响评价的具体执行负责，同时会由规制部门的一个技术单元来支持配合其工作，并对规制影响分析结果进行评估。工作人员能力的培养、指导性文件的出台以及交流方式的设定对于团队构建而言都非常关键。

2. 组织机构设置

规制影响评价的模式并不具有唯一性，OECD 国家中存在大量不同类型

---

① *Regulatory Policies in OECD Countries: From Intervention to Regulatory Governance*. OECD (2002): p. 50. ISSN: 19900481 (online), https://doi.org/10.1787/19900481.

的机构设置，它们拥有不同的职能，从事不同方法的研究。从事规制影响评价具体工作的是行业主管部门以及专门部门或专家团队。为保证不同机构之间的协调配合，OECD 国家中存在两种机构设置：（1）中央集权型的机构设置框架，这种设置需要一个位于政府中心的、用以监督规制改革的机构，其权力来源于总理办公室或财政部这样的预算决策机构；（2）去中心化的机构设置框架，通常由不同的规制机构和行业主管部门共享规制职能，并运用多样的协商机制来达成共识。OECD 的经验表明，规制影响评价的机构设置往往取决于以下因素：可获得的政治支持、最初的机构设置框架、政治和公共管理文化、既有的资源、以规制治理和规制改革为重点的总纲。此外，OECD 在总结其成员国经验的基础上，总结出了规制影响评价的一般组织体系：（1）中央规制机构。规制机构的主要职能是对规制进行复查，为使规制影响评价更加有效，规制机构必须能够对规制影响评价以及拟议规制的质量提出质询。此外，规制机构不仅需要拥有检验规制影响评价的技术能力，同时也需要拥有确保其观点占主导地位的政治权力。中央规制机构一般由政府部门的部长提供支持，也能由财政部、竞争和贸易部门等提供支持。对于私营部门关键领域的改革，咨询机构或私人倡议通常也能在某些方面发挥作用，如确定优先级、提出具体改革措施、帮助改革进行宣传等。（2）行政机构。行政机构在规制中的关键作用主要体现在两方面，一是向国会提交新的法律议案，二是根据基本法制定次级规则。（3）立法机构。议会的主要职能是制定基本法并进行评估，议会审查立法的方式应该与行政过程中审查规制质量所采用的程序一致。（4）独立的规制机构。独立的规制机构，比如针对网络产业的经济规制机构、保障公民自由并促进行政透明度的规制机构。其职能往往包括执行规则、处罚不符合要求的行为、颁发牌照或授予许可证。独立的规制机构在过去 20 年中的重要性日益突出，它们在改善规制的质量、透明度、稳定性以及专业性等方面都有较大的贡献。

（二）评价对象

评价对象即规制影响评价所涵盖的范围。规制影响评价在 OECD 国家中的应用范围存在极大不同。在一些国家，规制影响评价仅适用于较低层级的规则，甚至只适用于其中的部分子规则，当然也有部分国家将规制影响评价应用于基本法。展开来讲，可以从纵向角度和横向角度两个维度划分。

从纵向角度看，规制影响评价既能用于评估现有的规制措施，又能用于评估新的拟议规制措施。将规制影响评价用于新的拟议规制更加容易让人接受，将规制影响评价用于对现有规制进行评价则面临更多挑战。但是，规制影响评价必须通过对现有规制进行重新评估，以促进整个规制体系的科学化和现代化。如果一个国家现有规制的质量处于较低水平，那么即使对拟议的新规制政策进行严格的质量监管，其取得的效果也是非常有限的。发展中国家需要通过对现有规制进行评价来简化法律总量，去除不必要的法律负担，这也是促进经济增长、减少规制风险和不确定性的必然要求。尽管 OECD 国家并未将规制影响评价广泛用于对现有规制文本的评估中，但是的确也有很多国家正在进行这样的努力，比较典型的国家有澳大利亚、加拿大、德国等。

从横向角度看，规制影响评价可能适用于基本法、次级规制、规制细则以及一般性决策等。规制影响评价的适用范围可能仅限于由立法机构制定的基本法，也可能包括次级规制，如总统令、行政机构制定的用以实施基本法的指令和指导方针等。除一些联邦制国家外，规制影响评价很少用于区域和地方层级的规制。在澳大利亚，规制影响评价广泛用于州这一层级的规制；在墨西哥，规制影响评价也用于部分州这一层级的规制。规制影响评价适用范围相关规定的不平衡会极大地降低其作用。例如，多数 OECD 国家要求将规制影响评价适用于基本法和次级规制，但丹麦规定规制影响评价的适用范围只限于基本法，捷克和爱尔兰则将其用于基本法和主要的次级规制，荷兰将其用于主要的法律和主要的次级规制，葡萄牙将其用于部分指定的法律和次级规制，瑞典将其用于基本法和那些会对小企业有影响的次级规制。

三、OECD 规制影响评价的运作程序

（一）一般性运作程序

规制影响评价的运作程序主要包括两方面：一是规制影响评价本身的运作，即规制影响评价具体如何运行，一个完整的规制影响评价需要经历哪些步骤；二是规制影响评价作为一个整体在一个完整的决策制定过程中（包括

对拟议规制的评价以及对现有规制的评价）所起的作用以及所处的位置。

1. 规制影响评价的步骤

规制影响评价的过程是一个理性的政策制定过程（见图 1）。总体而言，一个完整的规制影响评价主要包括六个步骤：（1）明确政策背景和政策目标，尤其需要对一些为政府干预行为提供依据的问题进行系统性确认；（2）识别并明确对实现政策目标有益的所有可能的规制及非规制选择；（3）明确并量化各种选择潜在的影响，包括成本、收益及其他影响；（4）每一个政策选择都需要建立执行机制以及兼容性策略，包括对效力及效率的评估机制；（5）建立事后监管机制用以评价成功的规制政策建议，并反馈至未来的规制政策制定中；（6）将公众咨询纳入规制影响评价体系中，以此为所有利益相关者提供参与到规制过程中的机会。这为一些替代性政策提供了重要的成本和收益信息。

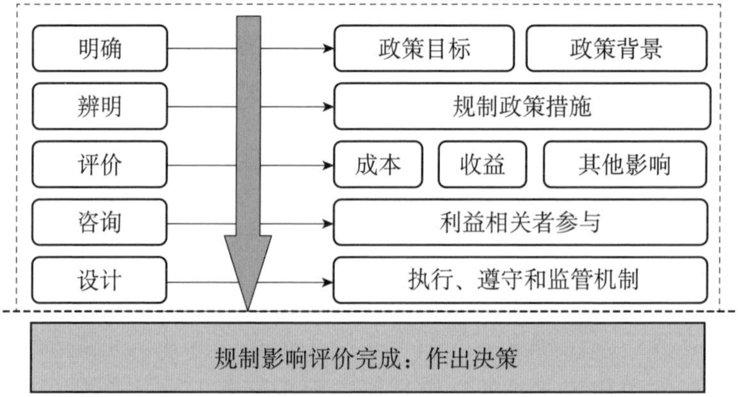

图 1　规制影响评价的过程

虽然规制影响评价的主要步骤大体一致，但是实施一项具体规制影响评价的深度和复杂性则取决于拟议政策所产生影响的重要性及其规模大小。针对这一点，OECD 成员国就规制政策影响的重要性进行了探索，其经验表明，规制影响评价制度在具体运作过程中能对不同评价阶段的各要素予以不同的重视程度。依政策目标的不同，各国对规制政策影响的评价方式各不相同，其所关注的政策领域也存在差异。各国关注不同的问题，并根据其政策取向和评价能力来综合判断并设置优先级。每种模式下，政策制定者都会使用规制影响评价去评估规制和非规制政策的成本和收益。

一些 OECD 成员国对完整规制影响评价和部分规制影响评价进行了区分，并采用了“两步法”。“两步法”需要首先运用一些明确的判断标准，通过预先的规制影响评价来确定应该对哪些政策进行完整的评估。这些标准的表现形式是多样的，既可以是以货币形式对成本和收益的表述，也可以是对竞争、市场开放度、就业、生产力、创新投资等产生影响的程度，还可以是对被拟议规制影响的人数。在以下两种情形下不需要进行完整规制影响评价：其一，符合国际准则；其二，规制政策对某一行业产生严重冲击或对媒体关注度产生极大的影响。此外，实施中的障碍也可能使人们选择部分规制影响评价。各成员国政府在实施规制影响评价时需要一定的灵活性，同时也要对所需人力、财力资源有清醒的认识。

2. 规制影响评价在决策制定中的运作（见图 2）

规制影响评价程序应该重复进行并且接受公众咨询。一般而言，第一次规制影响评价完毕后会有一个初步的结果，咨询和经验的增加则会进一步丰富这一结果并使其不断完善。以实证为基础的决定能够帮助拟议规制政策在将来以最高效的方式实现政策目标，且减少不必要的额外负担或者意料之外的经济成本。那么，如果系统地使用规制影响评价会有怎样的效果呢？评估阶段中，为规制影响评价实施做准备的步骤包括对现有决定以及政策制定程序的详细分析。应当在决策制定程序中尽早地采用规制影响评价，从而为决策制定提供大量信息。如果要使规制影响评价的一整套制度变为决策过程中的常规特征，就必须将规制影响评价整合进决策制定程序之中，而非代替决策制定程序本身。

在 2016 年的一份官方文件中，OECD 明确指出，影响规制治理有效性的重要挑战在于规制措施之间能否做到协调一致。在上述进程中，规制影响评价应该成为范围更广的规制管理体系的一部分，这样，一方面可以为不同政策选择提供框架，另一方面也可以通过明确实施策略和绩效指标为其他阶段提供基础。[①]

---

① Arndt, C. et al., *Building Regulatory Policy Systems in OECD Countries*, OECD Regulatory Policy Working Papers, http://dx.doi.org/10.1787/dbb1a18f-en, 2016.

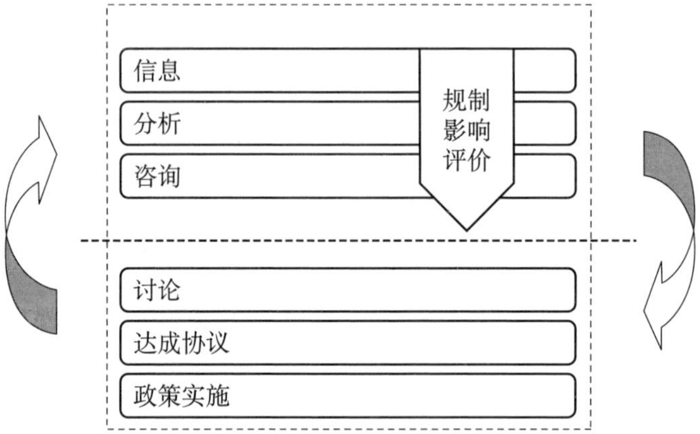

图 2　政策制定的过程

（二）规制影响评价程序运作的关键因素——数据收集

高质量数据资料的获取是规制影响评价面临的首要挑战，它不仅需要大量的时间和资源，而且需要全面系统的方法。缺少高质量的数据资料，规制影响评价在政策制定中的作用将非常有限。在选择数据资料收集方法时必须非常慎重且讲求策略。政府首先需要设立一个定量分析的框架，设定精确且简明的策略和指南。政策制定者既要提升技能，从定量分析角度进行思考，同时也要熟悉数据收集。在对不同规制政策进行影响分析时，所采用的数据收集方法应针对特定情况进行相应调整。总体而言，规制影响评价实施的程度应该与规制提议可能产生的影响成正比，这就意味着，当拟议规制可能产生很大影响且政策制定者可能进行额外的影响分析时，就应该在数据收集、咨询利益相关者、影响分析等方面增加更多投入。

数据有直接和间接两类获取方式。其中，前者是指从基于特定目的而设定并实施的调查中所获取的可用数据，后者则是指从基于其他目的而进行的调查中获取的可用数据。收集数据的方式有很多，其中通过咨询来收集数据是主要方式，其他方式也不容忽视。OECD 在 2008 年的《政策制定指南》中列举的数据收集途径如表 5 所示。①

① Ferris, Tom, *Good RIA Practices in Selected EU States*, *and RIA Policy Co-ordination and Monitoring Aspects*, Conference: Regulatory Impact Assessment, organised by SIGMA, Ankara, 19 - 21 April, 2006.

表 5　数据收集途径

来源途径	具体操作
律师、分析师以及经济学家的内部专家意见	明确问题的内涵，并通过对内部消息、专家意见、现有研究成果以及信息分析来确定问题的外延。
委员会调查和研究	委员会统计的来自国家研究机构、统计组织、咨询机构的数据，例如，对成本收益进行分析的数据。
针对规制影响评价进行专门的培训	针对定量分析和技巧进行训练，使公共部门获得进行规制影响评价的能力。
规制影响评价互助网络	建立一个中央网络，一方面让规制影响评价的实施各方互相提供支持，另一方面也使国际上规制影响评价实践的成功经验实现共享。
国际性数据	获取欧盟数据的途径：欧盟统计局的数据，“欧盟晴雨表”的调查，欧盟此前的报告、研究以及绿皮书中的数据。另外还可从OECD和世界银行获取数据。
其他途径	采访典型群体、调查问卷等。

2008 年的《规制影响评价实施指导手册》指出，在开始进行规制影响评价时需要考虑将要采用的数据收集策略，仔细权衡手册中给出的每个策略是否都与实施规制影响评价的目标相对应。很多数据收集方法都要耗费大量资源并且可能需要依赖第三方途径，主要有以下六类：（1）调查。调查主要通过设计一份调查问卷用以询问与拟议规制有关的问题，要报送给受影响各方的代表。调查问卷应当仔细斟酌问题设计以确保受访者给出有意义的答案，应当仔细考虑样本大小以确保其实际意义、保证调查范围的适当，尽量避免有偏见的答案。（2）商务测试委员会。这种方法首创于丹麦，由企业对规制政策成本提供建议、具体实施调查研究，从而帮助政府实施规制影响评价。纳入这一模式的企业会逐渐熟悉规制影响评价这一概念，并更好地把握问题的本质及所需信息。（3）其他国家的历史回顾。其他国家已经采用的规制政策或许与本国相似，与其他国家的政府官员或组织接触不失为获取信息的有效方法。（4）其他政府机关。政府部门拥有很多有用的信息，类似的规制政策可能此前在其他领域已有适用。因此，应该向部门内部的同僚请教并收集既有的信息。（5）文献综述。通过文献综述可以获取规制政策实际执行的相关信息。学术文献可通过网络获得，市场报告和描述性研究则可从行业协会或团体获得。（6）咨询。在规制政策正式实施之前咨询利益相关者，允许人们提出疑问并参与规制形成过程有助于规制政策合法性的确立，促进政策得

到自愿遵从。[①]

此外，《规制影响评价实施指导手册》就如何实施咨询以及如何提升咨询的有效性给出了相关指导性建议。其一，如何具体实施咨询。在决策制定的不同阶段通常会采用不同方法，主要有四类：（1）公开程序或通告并接受公众审评。通过公开发布通告来提醒人们注意，邀请其对规制政策进行评价，形成阐释拟议规制、回应公众问题的讨论稿。（2）循环置评。不同于公开通告，该方法中的咨询材料和评论邀请只送至特定的利益相关者。循环置评通常用于规制制定的早期阶段，用以了解受到最直接影响的利益相关者的看法。（3）听证会。允许人们亲自对拟议规制政策进行评价，使意见交换成为可能。但出席听证会的人数较多、意见繁杂，在听证会上进行冷静且具有逻辑性的讨论会很困难。（4）顾问团。政府经常会任命顾问团来协助其制定和评估规制政策，顾问团的主要目的是为政府提供专家意见以及凝聚共识。常设机构中的顾问团主要针对特定政策领域中的规制问题提供建议，临时机构中的顾问团则主要就某项特定立法提供建议。[②] 其二，如何提升咨询的有效性。咨询是获取数据的重要方法，但同时也需要通过公布信息来使人们更有效地参与咨询、为咨询程序提供支持。在咨询正式开始前，人们需要获得有关咨询问题的书面材料，同时咨询必须是足够开放的，以便参与者提出他们自己的观点。此外，时间安排也很重要。咨询应该尽早进行，并尽可能在规制制定的每个阶段都进行，使咨询结果能更有效地运用于规制影响评价。应该确保利益相关者有充足时间来有效参与咨询，应当向咨询的参与者提供反馈意见。

四、OECD 规制影响评价的方法

（一）评价方法概述

OECD 借鉴了美国经验来设定自己的规制影响评价指标体系，也就是主

---

① OECD, *Introductory Handbook for Undertaking Regulatory Impact Analysis*. Version 1.0 October 2008: pp. 18 - 19.

② OECD, *Introductory Handbook for Undertaking Regulatory Impact Analysis*. Version 1.0 October 2008: pp. 19 - 20.

要考虑规制政策实施前后对经济、社会和环境可能产生的影响。相应地，OECD 规制影响评价所涉及的具体指标也主要体现在对经济、社会和环境的影响三个方面：（1）对经济的影响指标主要有：市场结构，价格形成，企业经营，消费者选择，克服信息不对称，遏制垄断，减少外部性，维护稳定、健康、良性的经济增长和发展的市场秩序等。（2）对社会的影响指标主要有：就业、健康、安全、寿命、生活质量、平等机会的影响；对社会分配和社会福利的影响；对公共卫生、健康、安全、质量、道德、突发性事件的影响等。（3）规制政策对环境的影响指标主要有：家庭、就业场所、空气、水质、土壤、气候等污染和生态平衡的破坏。①

在 2008 年的指导手册中，OECD 强调要灵活运用不同的评价方法，并指出评价方法的选择关系到规制影响评价具体的制度设计，并会影响规制影响评价的实际效果。在 1997 年发布的《规制影响分析：在 OECD 国家中最好的实践》中，介绍了几类主要的分析方法：（1）成本收益分析法。该方法的综合性较强且效率较高，但成本非常高昂，并且很难兼顾公平。（2）成本有效性分析法。该方法也叫成本分析法，可视为成本收益分析法的一部分。该方法并不对收益进行量化，而是从风险降低程度、拯救生命的数量等其他方面来评价。（3）服从成本分析法。该方法所涵盖的范围比较狭窄，因为这一方法根本不对收益进行量化，而是仅限于对规制政策的成本进行分析。但当需要首先判断拟议政策的实施成本是否合理、适当以及能否降到最低时，遵从成本分析法则有其特殊价值。（4）商业（小企业）影响分析法。该方法主要关注一般的商业或特殊的中小企业中某一特定部门的成本问题。当规制改革政策将主要对商业产生影响时，为了限制和降低这种影响，人们通常会使用这一分析法。（5）财政或预算分析法。该方法仅考虑拟议规制对政府部门财政方面的影响，这种影响在整个成本中所占比例通常都很小。这一分析方法在两种情形中的作用尤为突出：一是当拟议规制主要考虑潜在的遵从成本与执行策略时；二是当规制成本需要多级政府来承担时。（6）风险分析法。该方法通过对风险（包括危害和后果）进行量化分析来判断政府行为是否合乎情理。在这些方法中，综合性最强的还是成本收益分析法，这一方法不仅要

---

① 梅黎明：《中国规制政策的影响评价研究》，2009 年江西财经大学博士学位论文。

考虑拟议规制政策所有的重要影响，而且还能通过折现过程（将未来价值折现到现在，并根据折现后的价值进行选择的过程）将时间因素纳入考虑范围，从而反映出当前和未来两个不同时期的成本收益。成本收益分析与公共政策的潜在目标相一致，即符合社会最优的标准，这也使其成为规制主体的首选分析方法。

（二）成本收益分析法详述

成本收益分析法是规制影响评价方法中最为核心的方法，下面主要展开介绍这一方法在 OECD 国家的操作过程。

1. 成本收益分析法概述

成本收益分析法主要是将成本和收益用数字或货币形式加以量化，对比分析成本和收益两者之间的大小，并以比较大的结果作为基础来为决策制定者提供参考，以决定拟议规制是否创设、现有规制是否存废，或者尝试进行改善。在具体实施正式的成本收益分析时，应该注意避免对成本和收益的重复计算。例如，规制政策可能会增加企业的生产成本，导致消费者要以更高的价格购买商品。然而，尽管消费者和企业都承担各自的成本，但是从经济学角度来看其实是同一个成本，因此不应当计算两次。成本收益分析法既可被视为指导政策制定的一般方法，也可被视为进行规制影响评价的具体方法。所有的规制影响评价都可以认为是以成本收益分析原则为基础的。实施规制影响评价的目标是确保规制所带来的收益比成本大，且社会能够因此变得更加富裕。因此，决策制定者必须对拟议规制进行分析，如果不能确保收益比成本大，那么拟议规制就不能创设。成本收益分析通过将成本和收益量化为货币，并对一段时期内的成本和收益进行对比，这不仅有助于对比政策备选方案，而且可以引导政策制定者落实其选定的政策方案。成本收益相关的信息有两种类型：定性的和定量的。其中定量信息以数值（有时也以货币数额）来体现。对于政策制定者而言，定量信息最大的作用体现在两个方面：一是让需要分析的成本收益的数量大小容易被人们理解；二是使不同规制或拟议政策之间的比较成为可能。因此，需要努力收集定量信息，包括政策存在的问题、规制行为的成本以及所有可能的收益。然而，在大多数的情形中，不可能对所有上述两方面的问题都进行定量评估，因而有必要在规制影响评价中重视对定性数据的分析。但引入定性数据存在一个潜在的问题，就是不同分析者对相同数据的评价可能存在非常大的差异。因此，将定量数据以尽可能清晰和客观的方式呈现出来非常重要。前文提到的多标准分析法就是实现上述目标的方法之一。

2. 成本的量化方式

计算成本的最有效方法就是通过调查或者咨询，获取对各商业主体成本估算的结果，然后与两项因素结合进行分析：一是可能受影响的商业主体数量；二是因实施规制政策而给商业主体带来成本的时间长短。在一些情形下，规制主体能够计算出完成一项规制任务的所需时间，那么就需要估算完成规制任务每小时所需的成本。这种方法适用于由规制政策引起的且仍旧不断发生变化的成本类型，然而那些一次性产生的成本则必须与重复产生的成本分开计算。但是，为了估算规制政策的总成本，就需要将这两种成本类型结合起来进行分析，也就必须选定一个合适的时间段并计算总规制成本，进一步运用折现将成本收益用货币金额来描述。成本和收益产生时间不一致的问题必须借助计算现值程序，通过一个规定比例来调整发生在不同时间段的成本和收益的价值，并通过估算其货币值使成本和收益能直接进行对比。通过把一定年限内的所有成本收益总和起来并计算现值，最后可以算出净现值。这一数值总结了规制政策的总体影响在现阶段的价值，如果这一价值是积极的，就说明收益大于成本，反之则表明成本大于收益。因此，净现值是很重要的决策工具，它不仅能确定一项拟议规制是否对社会有益，而且能通过比较不同规制政策在不同时间段产生的成本收益，进一步确定哪一项规制政策给社会带来的收益更大。

3. 收益的量化方式

确定收益通常比确定成本容易，因为预期的收益在一开始就构成规制建议得以提出的理由。然而，要确定这些收益的具体规模，尤其是要用货币数额来加以量化则非常困难，这一点主要是由于很多规制收益往往包含一些没有明显市场价值的东西，比如拯救的生命、避免的伤害以及对污染和环境恶化的预防等。然而，即便所取得的收益很难用货币数额进行计算，通过探寻以下问题来估算收益的大小仍然非常重要：规制政策在现实中能够拯救多少生命？能够避免多少伤害？能够预防多少种污染以及预防在什么地方产生的污染？实际上确实有很多经济手段用以估算上述收益。各国采取了不同的办法，具体可以参照各国的手册中所列明的操作方法。①

五、OECD规制影响评价的效果及评价

对成本收益分析法的评价。很多国家通过多年使用成本收益分析法从而确认了这一方法的效果，但成本收益分析法在实施过程中也遇到了一些限制因素，比如数据的获取、分析的技巧、有限的预算等。一些国家由于上述限制因素而彻底地否定成本收益分析法，还有一些国家则认为可以在规制影响评价初始阶段采用一些较温和的分析方法，并随着对规制目标和结果认识的不断加深逐渐转向成本收益分析法。尽管有很多问题，但是成本收益分析法不应仅仅因定量分析的困难而被彻底否定。事实上，成本收益分析法的潜在原则——政府作出的任何决定的成本都应当小于收益——比定量分析更为重要，该原则已被公共部门广泛接受，而且所有的规制决定都应当受其指导而不论具体采用何种分析方法。实践中应当将这一原则视作对所有规制政策的要求，但还应当根据对可行性和成本的判断来选择具体的分析模式。此外，由于所有其他分析方法实质上都是成本收益分析法的一部分，因而任何分析方法得出的信息都可以在广义的成本收益分析中运用。在实践中，政府希望逐渐完善规制影响评价以便更好地贯彻成本收益分析法的这一原则，这种循序渐进的方法也有助于将成本收益分析的原则内嵌为行政机构的“思维习惯”。一旦成本收益分析原则被视为作出好的规制政策的核心，那么政府在选择规制影响评价的分析方法时就会关注三个主要问题：不同分析方法的比较优势和劣势、帮助实现规制改革目标的能力、每一个分析方法的成本以及对

① 例如加拿大的规制影响指引手册，*Canadian Government*（1992）*RIAS Writers' Guide*，http：//www.tbs-sct.gc.ca/ri-qr/raar/default.asp@language=e&page=publications&doc=riaswritersguide_2friaswritersguide_e.htm；爱尔兰的规制指引手册，*Irish Government*（2005）*RIA Guidelines：How to Conduct a Regulatory Impact Analysis*，http：//www.betterregulation.ie/eng/index.asp？docID=78；澳大利亚的规制指引手册，*Australian Government Best Practice Regulation Handbook*（2007），http：//www.obpr.gov.au/bestpractice.html；等等。

政府治理能力的要求。

规制主体在选择最有效的分析方法时，需要关注规制影响评价适用的对象，即要对何种政策问题和拟议规制进行规制影响分析。另外，也要求灵活运用不同分析方法来评价拟议规制及政策问题，也就是说，规制主体需要根据不同拟议规制的特性和不同分析方法的特征来选择最合适的方法。而灵活选择并不意味着规制主体可以随意选择成本最小、最省事的分析方法。相反，规制主体应该在一个标准化框架下进行选择。该标准框架中待选方法的总数被减少到一定量（这一点在 2008 年的《规制影响评价实施指导手册》中有体现，其中明确列举了 9 种具体的分析方法），且由两个层次的分析方法组成（同样参见 2008 年的指导手册），其中较严格的方法用来对成本较高的规制政策进行分析，而成本较低的规制政策则采用相对宽松的分析方法。此外，在这一强制性的框架中，成本收益分析原则应该具备灵活性，这样才能确保所有规制主体在选择规制影响评价分析方法时不至于相差太远，并且能用相同的方式来运用这些方法。理论上的确如此，但国际经验表明，现实中政府在选择分析方法时越来越倾向于以实践为基础。有些国家进行了完整的成本收益分析，但耗费了大量资源，因而有必要采用筛选程序来确定需要进行完整规制影响评价的规制政策。同时，在具体进行完整的规制影响分析时，不仅需要考虑可以量化的影响，一些难以进行定性分析的因素也应当加以考虑，这也就需要确定一些指标来评估规制影响评价中政策选择的价值。以往的经验表明，要正确评估拟议规制政策的所有影响几乎是不可能的。因此，OECD 成员国分别采用了不同的指标来对规制政策的影响进行评价，其中最令人满意的方法就是成本收益分析法，即便此种方法有时候会耗费大量时间和资源，但成本收益分析法却能够鉴别有助于使公共福利最大化的政策。

第四章

我国行政审批制度改革中成本收益分析的应用

第一节　成本收益分析在行政审批制度改革中的主要应用

通过对域外相关国家和国际组织的情况分析可以发现，成本收益分析是当前国际上政府规制影响评价的一种重要方法。成本收益分析具有中立客观、高度透明、科学实用等优势，行政审批作为政府事前规制的一种重要手段，引入成本收益分析无论是对规范审批事项的变动，还是对优化审批事项运作和完善审批事项的事后评估都具有非常重要的作用。下面分析成本收益分析在行政审批制度改革中的主要应用。

一、明确行政审批标准，控制审批事项变动

当前我国行政审批制度改革存在的主要问题是改革的运动化和形式化，其根源在于缺乏遵循经济规律和社会规律的统一、客观的行政审批标准。[①]

---

① 谢寄博：《成本收益分析法对行政审批标准的改造——借鉴美国经验的分析》，《甘肃社会科学》2016 年第 6 期。

一般而言，行政审批的变动包括新设、取消、下放、调整，标准缺位会导致实践中审批事项的变动出现一系列问题，例如：忽视法律法规、经济规律和社会规律，滥设行政审批；变相隐藏核心审批事项，将取消审批事项的要求做形式化处理；放权于下级政府放大不放小、放虚不放实；等等。成本收益分析为明确审批标准、规范审批事项的变动提供了重要方法。具体而言，成本收益分析对规范审批事项变动的作用主要体现为两个方面。

第一，提供数据分析和信息基础，规范压缩存量。行政审批制度改革有两种截然不同的思路："一种思路是对现有的审批事项逐个审查和废止，以减少政府对经济和社会的不正当干预；另一种思路是首先废止所有的行政审批，然后由政府机关逐个论证需要设立的审批。"① 前者采取渐进主义的改革路径，具有风险小、阻力少的优势，但同时也会落入形式主义、改革不彻底的窠臼。从根本上解决过度审批，彻底斩断政府延伸至市场和社会领域的触须，后者或许是治本之策。采用全部推翻、重新论证的改革思路，对审批事项的信息披露提出了很高的要求，在行政审批制度改革中引入成本收益分析为审批事项的重新论证提供了数据分析和信息基础。成本收益分析强调评估明列每个审批事项的成本、收益及其比较结果，并以成本收益比较的结果作为审批事项存留与否的判断标准。这为审批什么、如何审批、审批的效果如何提供了客观、科学的依据，排除了部门利益、主观观念等因素对审批事项变动的干预。

第二，明确审批标准，严格控制增量。管制俘获理论认为，虽然政府管制存在解决市场失灵的可能，但是基于理性"经济人"假设的政府在利益集团的反复游说下也会发生管制俘获的问题，导致政府管制违背维护实现公共利益的初衷，堕落为谋取私利的工具，因此政府管制是一种潜在的威胁，应该放松或者解除。② 实践中，我国的《行政许可法》在行政许可范围方面也设定了市场优先、社会自律优先、事中事后监管优先的基本原则，并且也将"使市场在资源配置中起决定性作用和更好发挥政府作用"作为近年来行政审批制度改革的总基调。这就要求在新设审批事项时要尊重市场规律和社会规

---

① 《政府规制改革与行政审批制度改革研讨会会议综述》，《法学研究》2001 年第 3 期。

② 茅铭晨：《政府管制理论研究综述》，《管理世界》2007 年第 2 期。

律，改变行政配置资源的逻辑，代之以市场配置资源的逻辑，建立市场经济体制发展所需行政审批制度。成本收益分析将市场配置资源的思路引入政府规制领域，以成本最小化和收益最大化为政府规制的约束条件。[①] 这使得政府在决策是否新设审批事项时必须首先考虑审批的必要性，即只有在市场失灵、替代性机制（市场机制、行业自律、社会自治以及除审批之外的其他监管措施）失效，审批成本能够证明其收益正当性的前提下，才可以保留行政审批。

二、优化行政审批程序，提升审批运行效率

审批成本直接关乎审批效率，由于我国行政审批体制和机制方面的缺陷，行政审批面临着成本高、效率低、群众获得感不高的困境。分散审批的体制、烦琐复杂的运行机制不仅增加了审批主体的运行成本，还使行政相对人负担较高的办事成本，因此，探索建立精简、规范、合理、高效的审批程序是行政审批制度改革的重要目标。要在行政审批制度改革中引入成本收益分析，进而优化审批运行的效率。

第一，优化审批权配置。审批权配置解决的是谁来审批的问题，一般而言，审批权配置包括纵向配置和横向配置两个层面，审批权纵横配置是否到位、是否合理直接关系到审批主体的能力和权责配置状况，这关乎行政审批的效率。但实际上审批权纵向配置不到位导致地方政府承接能力不足、横向配置不到位导致审批部门权责交叉和重复审批的问题依旧是行政审批制度改革的难点。中央和省级政府借下放审批事项的名义甩包袱，放责任不放资源，导致基层政府面临编制数量不足与繁重的工作任务之间的矛盾，基层工作人员业务素质有限与专业化工作任务之间的矛盾，这严重制约着地方政府的承接能力。分散审批体制下行政审批部门间权责交叉、职责不清导致重复审批、烦琐审批，行政相对人不得不奔走于各审批部门重复提交材料，接受重复审批。行政审批制度改革中引入成本收益分析具有未雨绸缪的意义，通过对拟变动的审批事项进行事前的成本收益分析，有利于事先评估行政审批的

---

① 席涛：《美国的成本-收益分析管制体制及对中国的启示》，《经济理论与经济管理》2004 年第 6 期。

运行成本，确诊纵横审批权运作的堵点，通过同步下放审批责任和审批资源的方式提高基层政府的承接能力，通过整合审批权或者调整取消重复审批事项来解决重复审批和烦琐审批的问题，实现行政审批的纵横维度的高效运作。

第二，优化审批流程。审批流程解决的是如何审批的问题，精简、规范、合理、高效的审批流程是提升审批效率的关键。但是长久以来，我国行政审批流程的基本逻辑是基于部门导向而非顾客导向，行政审批流程的设计更多的是考虑方便审批机关开展工作，而不是方便相对人办事和提高办事效率，于是大量内部审批程序外部化，审批程序被人为地复杂化。[①] 因此，提高行政审批效率的当务之急是优化审批流程，推进审批流程再造。政府流程再造就是在引入现代企业流程再造理念和方法的基础上，以满足公众需求为核心，对政府的组织机构、服务流程进行全面彻底的改造，以适应外部环境的变化和提高管理效率，使公共产品和服务更能取得社会公众的认可和满意。[②] 政府流程再造大致分为六个阶段：构思设想、项目启动、分析诊断、流程设计、流程重建、监测评估。[③] 成本收益分析对于审批流程再造过程中的分析诊断、流程设计和监测评估都具有重要的意义。就分析诊断阶段而言，成本收益分析有助于诊断现有审批流程的弊端症结，找出不必要的审批环节和审批要件，从而确定影响审批效率的问题流程，实现对症下药；就流程设计阶段而言，成本收益分析为审批流程设计提供了目标，组织重构、人员配置、技术更新都应致力于以最小的成本为相对人提供最优质的审批服务；就监测评估而言，成本收益分析为审批流程评估提供了标准和方法，使审批主体能够及时了解掌握重塑后的审批流程绩效，推动审批流程持续改进。

三、完善行政审批评估，实现审批动态调整

目前我国行政审批事后评估的常见形态主要包括第三方评估以及审批事

---

① 刘双良：《行政审批流程再造和程序创新——“技术＋人员”的双重模式》，《理论探讨》2008 年第 3 期。

② 姜晓萍：《政府流程再造的基础理论与现实意义》，《中国行政管理》2006 年第 5 期。

③ 叶勇：《政府流程再造：理论与实践的探索》，吉林大学 2007 年博士学位论文。

项设定机关与实施机关的自我评估。无论是第三方评估还是自我评估，对于掌握行政审批制度改革的落实情况和改革实效，明确改革的痛点和堵点都具有重要意义。但无法回避的是，当前我国的行政审批事后评估工作仍然存在评估标准笼统、不统一，评估随意性强，信息筛选不准确等问题，这在一定程度上制约了事后评估工作对完善行政审批制度的正向反馈作用。行政审批制度改革中引入成本收益分析对于解决上述问题具有重要意义，具体而言，包括以下两个方面。

第一，统一变动标准，规范审批程序。从已有的关于成本收益分析的法律依据中可知，目前我国的审批事项的评估标准主要表述为合法性、合理性、必要性、协调性、时效性等要求，尚未形成统一的具体标准，而且实践中部分地方政府对事后评估标准仅作原则性的规定，使得审批的事后评估工作趋向形式化。① 另外，由于评估标准的原则化和统一标准的缺位，实践中地方政府事后评估审批事项也是相当随意的，脱离客观数据而作出主观推断是常有之事。成本收益分析方法的引入使审批事项的事后评估标准更加具体和统一，明确以审批事项的收益能够证明成本的正当性作为审批事项事后评估的统一标准。此外，成本收益分析也为审批事项的事后评估工作提供了一套科学而又严格的方法，使事后评估工作必须遵循相应的程序，评估的数据和结论也必须是经过反复验证得出的准确、客观的数据和结论，由此有效地抑制事后评估中主观揣测和暗箱操作等问题，提高了审批事项事后评估工作的信度和效度。

第二，进行信息筛选，优化审批供给。有效的审批应该是有一定的边界，而且审批边界应该是随着经济社会发展状况而不断变化的。② 从供求理论的角度来理解，审批边界的变化意味着政府调整审批的供给以适应市场主体和社会主体对行政审批的需求。一般而言，影响审批供给的因素主要有：审批主体对审批需求的感知程度，市场和社会主体的审批需求被审批主体的认可程度，③ 审批主体对审批工作绩效状况的认知程度。而信息充分与否会直接

---

① 蒋海洪：《政府规制影响评估制度的法经济学思考——以医疗器械规制评估为例》，《广东商学院学报》2013 年第 2 期。

② 张会恒：《政府规制的供求平衡及其有效性》，《商业经济与管理》2009 年第 5 期。

③ 张会恒：《政府规制的供求平衡及其有效性》，《商业经济与管理》2009 年第 5 期。

影响到以上关乎审批供给的三种因素。但事实上，审批信息充分、完整只是一种理想化的状态。因为层级节制的官僚组织天然就有过滤信息和筛选信息的行为取向，于是审批需求的信息经过自下而上、由外而内的信息传递，最终决策者得到的需求信息是不完整的。再加之行政审批与部门利益的高度关联，负面的评估信息会直接威胁到审批部门的既得利益，于是评估主体就存在屏蔽负面信息的行为动机。因此不完整、不充分的信息不仅使审批主体难以准确感知审批需求，也使审批主体难以认识到目前审批工作存在的问题。于是审批供给就存在被扭曲的风险，实践中就表现为过度审批的问题。引入成本收益分析可以在很大程度上规避信息筛选和过滤的问题，因为成本收益分析不是简单地公示和公开信息，而是一种对审批行为的解剖式的展示，它不但展示评估的结果，也展示评估的过程。①

第二节　成本收益分析应用于行政审批的制度框架

一、法律依据

目前我国关于成本收益分析运用于行政审批的法律依据尚不成系统，只是零散地分布于部分法律法规和规范性文件中。现有的法律依据以中央政府层面的法律法规和规范性文件居多，主要包括：2004 年 3 月国务院发布的《全面推进依法行政实施纲要》要求，“积极探索对政府立法项目尤其是经济立法项目的成本效益分析制度。政府立法不仅要考虑立法过程成本，还要研究其实施后的执法成本和社会成本”。2010 年 10 月，国务院发布的《国务院关于加强法治政府建设的意见》提出“积极探索开展政府立法成本效益分析、社会风险评估、实施情况后评估工作”。《行政许可法》的一些条款也暗含了将成本收益分析应用于行政审批的要求，例如第 8 条规定“行政许可所依据的法律、法规、规章修改或者废止，或者准予行政许可所依据的客观情况发

---

① 赵雷：《行政立法评估之成本收益分析——美国经验与中国实践》，《环球法律评论》2013 年第 6 期。

生重大变化的，为了公共利益的需要，行政机关可以依法变更或者撤回已经生效的行政许可”。第 11 条规定“设定行政许可，应当遵循经济和社会发展规律，有利于发挥公民、法人或者其他组织的积极性、主动性，维护公共利益和社会秩序，促进经济、社会和生态环境协调发展”。此外，第 12 条也强调行政许可的设定机关和实施机关要定期对其设定和实施的行政审批事项进行评估，以便作出必要的调整。2013 年 9 月 19 日国务院发布的《国务院关于严格控制新设行政许可的通知》提出，“法律草案、行政法规草案拟设定行政许可的，起草单位和审查机关都要深入调查研究，加强合法性、必要性和合理性审查论证。对已设定的行政许可，要加强跟踪评估、监督管理”[①]。2015 年底，中共中央、国务院印发《法治政府建设实施纲要（2015—2020 年）》提出，“严格控制新设行政许可，加强合法性、必要性、合理性审查论证。通过开展立法前评估等方式，健全立法项目论证制度。定期开展法规规章立法后评估，提高政府立法科学性，对不适应改革和经济社会发展要求的法律法规和政府规章，要及时修改和废止。规范性文件不得设定行政许可、行政处罚、行政强制等事项，不得减损公民、法人和其他组织合法权益或者增加其义务”。2019 年 4 月 20 日，国务院颁布的《重大行政决策程序暂行条例》第 12 条规定，“决策承办单位根据需要对决策事项涉及的人财物投入、资源消耗、环境影响等成本和经济、社会、环境效益进行分析预测”。2021 年 8 月，中共中央、国务院印发的《法治政府建设实施纲要（2021—2025 年）》提出，“分级分类推进行政审批制度改革”“推动政府管理依法进行，把更多行政资源从事前审批转到事中事后监管上来”。地方政府层面，关于成本收益分析的法律依据多是按照《行政许可法》和《国务院关于严格控制新设行政许可的通知》的要求，结合地方实际进行具体工作部署所颁布的法规文件，例如，2014 年 5 月 5 日天津市人民政府发布的《天津市行政许可管理办法》规定，“新设行政许可，应当加强合法性、必要性研究论证和法律审核。不符合法律法规规定或者设定理由不充分的，不得新设行政许可”。综观以上相关立法和文件，目前我国行政审批领域的成本收益分析的法律依据具有以下特点。

第一，规定相对比较笼统，缺乏可操作性。目前我国法律体系中关于行

---

① 参见《国务院关于严格控制新设行政许可的通知》。

政审批领域应用成本收益分析的依据主要来自两方面：一是来自成本收益分析运用于行政立法领域的推演。因为行政审批本质上是一种行政执法行为，行政审批作为行政立法的一种执行性行为，将行政立法领域的成本收益分析的法律依据推演至行政执法领域无可厚非。二是关于规范行政审批的相关法律和规范性文件，这部分法律依据大都提及要严控行政许可的设立，基于维护公共利益的角度，加强对行政许可的合法性、必要性和合理性审查。法律依据中所提及的“评估”“审查论证”“基于公共利益的需要”等关键词契合成本收益分析的核心要义，但是对于如何在行政审批领域运用成本收益分析却着墨不多，对于如何完善成本收益分析运作的保障机制，如信息搜集与管理、审查机构设计等，缺乏有效的指导意义。

第二，规定比较零散，不成体系。目前关于行政审批领域的成本收益分析的法律依据大多分散于国务院发布的行政法规和规范性文件以及地方政府发布的规范性文件中，尚不存在一部系统地论述行政审批领域的成本收益分析运用的法律规范。虽然《行政许可法》触及行政审批的成本收益分析，但是也只是比较隐晦地分散于不同章节中，缺乏对成本收益分析的完整系统的论述。

第三，规定多建议性条款，少强制性规定。[①] 对于成本收益分析在行政审批中的应用，现有法律规定大多为“加强”“可以”等用于提出建议性的规定，少有“必须”“应当”等强制性的规定。安于现状、逃避变革的官僚机构在缺乏强制性规定的前提下往往会忽视建议性的法律规定，因为新方法、新机制的引入往往意味着变化并由此带来既得利益的损失，于是这种建议性的法律条款在实际应用过程中缺乏执行力，很难落到实处。

二、适用范围

成本收益分析虽然有助于规范审批事项的变动、优化审批运作、完善事后评估，但是成本收益分析对于规制行政审批事项来说并非万能，应该有一定的适用范围。原因有二：其一，成本收益分析难以量化和货币化所有的行

---

① 金成波：《行政立法成本收益分析制度研究——以美国为例》，中国法制出版社 2016 年版，第 106 页。

政审批事项。成本收益分析的基本逻辑是将所有的项目通约成统一的、可比较的货币，这一逻辑决定了成本收益分析适用范围的有限性，尤其是提及一些难以量化和货币化的社会性审批事项，例如生态环境、公共健康、安全、道德等领域。其二，成本收益分析本身也有成本，成本收益分析通常需要消耗一定的时间、人力、金钱、技术等资源，如所耗费的成本巨大，则该审查得不偿失。因此，域外的国家和国际组织等都明确限定了成本收益分析的适用范围，例如美国 12866 号总统行政令规定只对重大的规制行为进行成本收益分析，以项目的影响金额作为是否进行成本收益分析的标准。[①]

行政审批按照审批目的不同，可以分为经济性审批、社会性审批和复合性审批，这是一项非常重要的分类。经济性审批是指避免资源低效配置和确保公平利用，政府行政机构运用法律权限，在自然垄断和存在信息偏差的领域以许可、认可等手段，对企业的准入、退出、价格、服务的数量和质量等行为进行规制。[②] 社会性审批是指以保障劳动者和消费者安全、健康、卫生以及环保、社会公平等价值为目的，按照一定的标准限定、约束物品和服务的质量以及伴随其产生的各种活动。[③] 复合性审批是同时兼有经济性审批和社会性审批双重性质的审批活动。由于经济性审批、社会性审批和复合性审批的价值追求不同，因此成本收益分析在不同类型的审批事项中的适用范围也是不同的。

（一）经济性审批事项严格适用成本收益分析

经济性审批以优化资源配置、高效利用资源为价值追求，而且经济性审批事项具有可量化和货币化的特点。成本收益分析应用于行政审批能够有效地提升审批质量和效率，缓解政府过度审批的问题，无论是在经济效率还是资源配置方面，成本收益分析都具有重要作用。[④] 因此，经济性审批事项严格适用成本收益分析既有必要性也有可行性。可以适用于成本收益分析的经

---

① Executive Order 12866，"Regulatory Planning and Review，" *Federal Register* Oct. 4，1993.

② ［日］植草益：《微观监管经济学》，朱绍文、胡欣欣等译，中国发展出版社 1992 年版，第 27 页。

③ ［日］植草益：《微观监管经济学》，朱绍文、胡欣欣等译，中国发展出版社 1992 年版，第 28 页。

④ 谢寄博：《成本收益分析法对行政审批标准的改造——借鉴美国经验的分析》，《甘肃社会科学》2016 年第 6 期。

济性审批事项一般包括资源配置类审批和部分市场准入类审批。依据《行政许可法》第 12 条第 2 款的规定，资源配置类审批主要涉及对有限自然资源的开发和利用、公共资源的配置以及直接关系公共利益的特定行业市场准入的审批。《行政许可法》第 12 条第 3 款和第 6 款规定，市场准入类审批涉及对投资项目审批、对提供公共服务且直接关系公共利益的职业和行业的资质审批、主体资格的审批。举例而言，可以严格适用成本收益分析的经济性审批事项包括：自然资源部的勘查矿产资源审批、开采矿产资源审批、在京中央国家机关用地土地审批，工业和信息化部的无线电台设置及许可使用审批、电信设备进网许可审批、外商投资经营电信业务审批、电信业务经营许可，国家林业局的重点国有林区林木采伐许可证核发、国家级森林公园设立撤销改变经营范围或者变更隶属关系审批、特殊林木的林地承包期延长审批，①交通运输部的公路水运投资项目立项审批、国际海上运输业务及海运辅助业务经营审批、国道收费权转让审批，等等。

（二）社会性审批事项和复合性审批事项选择适用成本收益分析

社会性审批事项和复合性审批事项大部分关乎公共利益以及公平、安全、正义等价值形态，而基于功利主义立场的成本收益分析存在一定的道德缺陷，强行量化和货币化社会性审批事项的成本和收益不仅存在困难，还会导致一些“软性价值”（soft variables）被“矮化”（dwarf）。② 因此，社会性审批事项和复合性审批事项应该选择适用成本收益分析，将难以适用的审批事项做排除处理，包括危害控制类审批事项和部分具有社会性的市场准入类审批事项。依据《行政许可法》第 12 条第 1 款和第 4 款的规定，危害控制类审批是指为了预防和控制可能威胁到国家安全、公共安全、生态环境保护、人体健康、生命财产安全的具有社会危害性的特定行为和特定产品而设定和实施的审批。举例而言，排除适用成本收益分析的社会性审批事项和复合性审批事项包括：国家安全部的涉及国家安全事项的建设项目审批，环境保护部的民用核材料许可证核准、民用核安全设备设计制造安装和无损检验单位许可证

① 参见《国家级森林公园设立、撤销、合并、改变经营范围或者变更隶属关系审批管理办法》。

② 金成波：《立法中成本收益分析制度的论争、作用及定位》，《浙江学刊》2016 年第 1 期。

核发、由环保部负责的建设项目环境影响评价审批，应急管理部的矿山企业和危险化学品生产企业安全生产许可、安全生产检测检验机构和安全评价机构资质认可，国家市场监督管理总局的特种设备安全生产单位许可、出入境特殊物品卫生检疫审批，等等。

三、审查机构

域外规制成本收益分析的成功实践表明，建立统一独立的审查机构来审查和协调政府规制成本收益分析非常重要。在美国，行使规制审查和协调的职责的是白宫办公厅下设的行政管理和预算局及其下属的信息与规制事务办公室。[①] 在欧盟，行使规制审查和影响性评价职责的是规制影响评价委员会以及跨部门指导小组。成立统一独立的审查机构对政府规制进行成本收益分析的好处在于能够统一审查标准、统一出口，同时，保证对所有的规制进行成本收益分析，无漏网之鱼。[②] 在中国，鉴于严控机构数量和编制数量的要求，新成立一个专门负责行政审批成本收益分析工作的审查机构不合实际，因此由现存的一个或者多个政府部门承担行政审批的成本收益分析审查职能更具有可行性。具体而言，主要涉及以下几个政府部门。

（一）行政审批部门

这里所指的行政审批部门是指依据法律法规的授权，行使行政审批权力，承担审批职责的政府部门。目前我国的行政审批部门主要有两类：一类是实行相对集中行政审批权改革后成立的行政审批局，如天津滨海新区和宁夏银川成立的行政审批局；另一类是掌握审批权的行业主管部门，如教育局、国土资源局、环保局等。《行政许可法》第 14 条和第 15 条将行政许可设定权赋予全国人大及其常委会，国务院，省、自治区、直辖市地方人大及其常委会，省、自治区、直辖市的地方人民政府。因此行政审批部门无权新设、取消、

---

① 具体运作参见本书第三章第一节对美国规制成本收益分析的介绍，更为详细的介绍参见金成波、江澎涛：《美国行政立法中的 ORIA 的作用》，《中国发展观察》2013 年第 1 期。

② 参见刘莘、金成波《立法成本收益分析在中国：理念更新与制度确立》，《江苏社会科学》2016 年第 3 期。

下放、调整行政审批事项，其在行政审批的成本收益分析制度框架下的职责仅限于起草审批事项的成本收益分析报告，论证已设定和拟设定的审批事项的必要性、合理性、合法性。具体而言，行政审批部门在成本收益分析框架下的职责包括：

第一，梳理本部门的行政审批事项的存量与分析增量。对于已设定的行政审批事项，构建行政审批权力清单，明列审批事项的设定依据、审批对象、审批主体、审批流程图、承诺时限等要素。对于本部门拟设定的审批事项采取座谈会、听证会、论证会等多种方式，广泛听取企业、社会组织和公民的意见。

第二，对行政审批事项的存量与增量进行成本收益分析，拟定成本收益分析报告。报告的内容应该包括三部分内容：其一，合法性论证。阐述已设定的行政审批事项和拟设定的行政审批事项的法律依据。其二，合理性论证。基于审批部门内部评估或者第三方评估的结果阐述已设定行政审批事项的实施情况，包括已设定审批事项的成本、收益情况，实现审批目标的程度和解决规制问题的程度。对于拟设定审批事项，应该阐述其执行成本与守法成本、对经济社会环境可能产生的影响。其三，必要性论证。说明已设定和拟设定的行政审批事项涉及国家安全、公共安全、生态环境安全和生命财产安全领域，并且市场机制、行业自律、企业和个人自主决定以及其他管理方式都无法有效地解决现有问题，已设定和拟设定的审批事项是解决现有问题的有效手段的其他理由。①

（二）同级政府的编制管理部门

目前我国的行政审批制度改革工作主要是由编制管理部门牵头负责。中央层面，牵头部门先后经历监察部、国务院行政审批制度改革工作领导小组、中央机构编制委员会办公室调整之后，目前主要是由中编办牵头负责行政审批制度改革工作，国务院审改办相应地设在中央编办②；地方政府层面，也

---

① 参见《国务院关于严格控制新设行政许可的通知》。

② 李军：《行政审批制度改革的问题与完善路径》，载李林、田禾主编《中国法治发展报告》，社会科学文献出版社 2016 年版，第 59 页。

大多是编制管理部门牵头负责贯彻落实中央编办改革要求，统筹设计推进本区域内行政审批制度改革工作。将编制管理部门确立为统一权威的主管部门来统筹推进行政审批制度改革工作有利于完善顶层设计、统筹改革步伐、提高审批改革工作的整体性和协调性。编制管理部门在行政审批的成本收益分析制度框架下的首要职责是审查行政审批部门提交的成本收益分析报告，审查的要点包括：第一，审批事项是否是必要的，即审批事项的调整是否坚持了《行政许可法》所倡导的市场优先、社会优先和事中事后监管优先的基本原则。第二，审批事项是否是合理的，即审批的收益能够证明为其支付成本的正当性。第三，审批事项是否符合行政体制改革和职能转变的基本方向、是否符合行政审批制度改革的原则和要求、是否会造成与其他机构的职责交叉。[①] 此外，编制管理部门的另一项职责是协调，对审查中发现的职能交叉和审批依据冲突的事项进行协调，解决重复审批和审批真空的问题。

和域外设立统一独立的审查机构负责审查成本收益分析报告不同，我国将审查的责任赋予编制管理部门既是必要的，也是可行的。第一，有利于对行政审批更有效地制约监督。编制管理部门审查成本收益分析报告本质上也是一种规制影响评价，与第三方评估相比，编制管理部门作为内部评估者更具有信息优势，能够更准确地掌握审批事项的成本收益信息，因而也能更精准地监督制约审批行为，提高行政审批的规范性。第二，有利于设定统一的标准。编制管理部门审查成本收益分析报告的前提是要确定统一的审批标准，以此作为标尺来审查审批事项的合理性和必要性。明确审批标准有利于解决当前标准缺位的问题，从整体上完善审批制度改革的顶层设计，从根本上解决审批改革中的套放、虚放、空放的顽疾。第三，编制管理部门具有权威性。这种权威不仅表现在编制管理部门是行政审批制度改革的牵头部门，也表现为它掌握着政府职能部门最重要的资源——编制，这使编制部门成为同级政府部门中的相对强势部门，既赋予了编制管理部门一定的审查能力，也进一步强化了其审查效力。

① 参见《国务院关于严格控制新设行政许可的通知》。

（三）同级政府的司法行政部门

2013年9月19日国办印发的《国务院关于严格控制新设行政许可的通知》要求，国务院法制办应当对法律草案、行政法规草案拟设定的行政许可进行严格审查论证；国务院法制办要加强对国务院部门规章的备案审查，对各类变相设定行政许可或者违法设定行政许可收费的，要按照规定的程序严格处理、坚决纠正。[①] 由此可见，法制办公室也承担着一定的审查和监督行政审批的职责。具体而言，司法行政部门（2018年党和国家机构改革之后，中央和地方政府将原法制办与原司法行政机关整合为新的司法行政部门）在行政审批的成本收益分析制度框架下的职责主要包括：第一，审查职责。与编制管理部门侧重审查审批事项的必要性和合理性不同，司法行政部门主要聚焦于审查审批事项的合法性。这种合法性审查包括两个层次，首先，审批事项应该有法定依据，其次，审批事项的法定依据是合乎《行政许可法》第12条、第13条、第14条关于许可设定范围和权限的规定的。[②] 此外，合法性审查还应该包括审查审批事项的法律依据之间的冲突点和交叉点。[③] 第二，监督职责。行政审批自由裁量权和审批部门的自利性使得审批部门在设定和执行行政审批过程中极容易产生滥用职权、谋取私利的行为，体现在实际审批活动中就是过度审批——无论是审批事项的数量还是审批的烦琐程度。因此，司法行政部门的职责就在于监督行政审批部门的审批行为，处理纠正变相审批和违法审批的行为。

将司法行政部门纳入行政审批的成本收益分析框架下，由其承担一定的审查和监督职责，对于提高审查能力、提升审查质量具有重要意义。一方面，有利于提高审查的独立性和权威性。审查机构的相对独立性是衡量其审查能力的重要指标。[④] 与其他政府部门相比，司法行政部门既没有审批权也没有关联利益，于是司法行政部门在审查成本收益分析报告的过程中很难产生为

---

① 参见《国务院关于严格控制新设行政许可的通知》。

② 参见石亚军《简政放权提质增效须加速法律法规的立改废》，《中国行政管理》2016年第10期。

③ 席涛：《政府监管影响评估分析：国际比较与中国改革》，《中国人民大学学报》2007年第4期。

④ 刘鹏、刘志鹏：《社会性监管机构的能力差异及原因——基于八个中央机构的定性评估》，《公共管理学报》2017年第1期。

维护关联的部门利益而隐藏审批权的共谋行为，因此，司法行政部门的独立审查能力也相对更强，审查的结果也更具有权威性。另一方面，有利于提升行政审批的合法化程度，顺应依法行政的客观要求。2004 年国务院发布《全面推进依法行政实施纲要》将合法行政作为依法行政的基本要求，规定行政机关实施行政管理，应当依照法律、法规、规章的规定进行，将行政行为严格限定在法律框架之内。司法行政部门聚集着大量的法律人才，他们法律知识深厚，法制经验丰富，在审查审批事项的合法性时能够更为准确地发现违法失范之处，能够提高行政审批的合法化程度。

（四）行政审批设定部门

行政审批事项的成本收益分析报告经过编制管理部门和司法行政部门审核后，需要提交至行政审批的设定机关，作为其新设、取消、下放、调整行政审批事项的参考依据。依据我国《行政许可法》第 14 条、第 15 条的规定，只有全国人大及其常委会制定的法律、国务院制定的行政法规、省自治区直辖市的地方人大及其常委会制定的地方性法规、省自治区直辖市的地方人民政府制定的政府规章才有权设定行政许可。因此，按照法律“谁立谁废”的原则，有权新设、取消、下放、调整行政审批事项的主体也只有全国人大及其常委会、国务院、省自治区直辖市的地方人大及其常委会、省自治区直辖市的地方人民政府。

行政审批设定部门是决定审批事项变动与否的落锤之音。《行政许可法》第 20 条规定，“行政许可的设定机关应当定期对其设定的行政许可进行评价；对已设定的行政许可，认为通过本法第 13 条所列方式能够解决的，应当对设定该行政许可的规定及时予以修改或者废止”。因此审批设定部门在成本收益分析制度框架下的职责主要是评估与决策：定期评估已设定的审批事项，以此来了解行政审批事项的运作状况和审批实效。另外，结合司法行政部门和编制管理部门对审批事项成本收益分析报告的审核结果，对是否变动审批事项作出决策。对于市场机制、行业自律、社会自治以及事中事后监管方式可以有效解决的审批事项，及时予以修改和废止；对于涉及重大公共利益，确实需要实施行政审批管理的，应按照法定程序设立，提高行政审批的合法性。（见图 1）

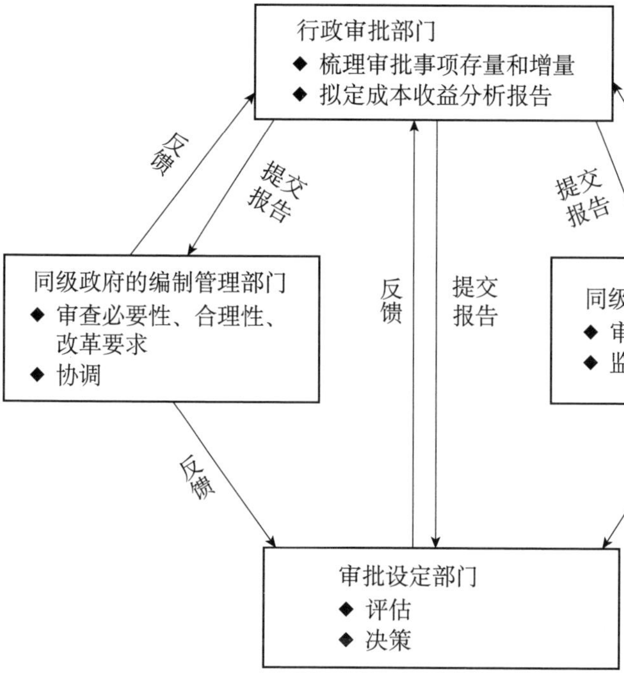

图 1　成本收益分析审查机构关系脉络

第三节　成本收益分析应用于行政审批的运行程序

为更好地诠释行政审批制度改革中的成本收益分析，尤其是其运行程序，本节引入新药注册审批的案例来予以说明。中国的新药注册审批制度的雏形始于 1984 年全国人大颁布的《药品管理法》，随后颁布的《药品管理法实施条例》《新药审批办法》《药品注册管理办法》等一大批法律法规具体确立了新药注册审批制度的组织架构和运行流程。① 但是新药注册审批工作仍然面临着审批尺度把握不到位的问题，难以平衡保障用药安全与鼓励药物创新这两个审批目标。因此本节试图在新药注册审批中引入成本收益分析，将成本收益分析的运作程序设计具体如下。

① 张晓东、李连达：《我国药品注册管理法规体系的形成及现状思考》，《中国新药与临床杂志》2010 年第 2 期。

一、识别拟要解决的问题

准确地识别问题是在行政审批中运用成本收益分析的起点，识别问题需要进行问题陈述，即准确地阐释存在的问题、问题的原因、问题的重要程度以及通过解决问题试图达到的绩效目标。一般而言，基于审批的目标不同，行政审批大致可以分为经济性审批和社会性审批，因此行政审批主要致力于解决两类问题，即经济性问题和社会性问题。经济性问题主要是源自市场失灵，表现为负外部性、自然垄断、信息不对称、资源配置低效、公共服务供给的失败等问题。社会性问题主要表现为社会公共利益的受损以及公平、道德等价值观念的扭曲，具体包括公共安全、公共健康、卫生、环境保护、人权等问题。

具体到新药审批，成本收益分析致力于解决以下三个问题：一是新药注册审批程序冗长滞后造成老百姓用药困难，难以用到新药；二是新药注册审批效率低下导致药企缺乏创新动力，企业经营困难；三是新药注册审批过度影响了整个医药产业的健康持续发展。① 因此，通过在新药审批中引入成本收益分析，转变新药注册审批的制度理念、完善新药注册审批的制度安排、健全新药注册审批的具体规则，最终实现保障老百姓及时、安全用药，激发医药企业创新活力，促进医药产业健康发展的目标。②

二、确定主要的规制选项

规制的选项，一般来讲可以分为规制和不予规制两大类，如果确定了需要规制，那么需要对规制的方式作出区分。根据我国《行政许可法》第 13 条的规定，不予规制选项主要包括市场竞争机制、行业自律、社会自治。规制选项按照审批的强度由低到高可依次排列为：事中事后监管；审批改为备案；简化

---

① 金成波：《新药注册审批制度之弊与改革方向》，《中国党政干部论坛》2016 年第 3 期。

② 金成波：《浅析我国新药注册审批制度存在的问题及原因》，《中国卫生法制》2016 年第 2 期。

审批，实行告知承诺制；提高审批的透明度和可预期性；实行严格审批。①

具体到新药审批的案例，解决以上审批问题的供选方案主要有两个：第一，企业自律。2007 年 6 月 18 日国家食品药品监督管理总局审议通过的《药品注册管理办法》第 23 条规定，“药物研究机构应当具有与试验研究项目相适应的人员、场地、设备、仪器和管理制度，并保证所有试验数据和资料的真实性；所用实验动物、试剂和原材料应当符合国家有关规定和要求”。2015 年 7 月，国家食品药品监督管理总局发布的《关于开展药物临床试验数据自查核查工作的公告》要求，所有已申报并在总局待审的药品注册申请人，均须按照相关要求，对照临床试验方案，对已申报生产或进口的待审药品注册申请药物临床试验情况开展自查，确保临床试验数据真实、可靠，相关证据保存完整。因此，从以上法律条文可以看出药品企业对新药的研发和临床试验负有自我监督的法定责任。第二，行政审批。根据《药品管理法》《药品管理法实施条例》《药品注册管理办法》等的规定，药品企业为研制新药开展的临床试验以及新药生产都需要经过国务院食品药品监督管理总局的审批。目前我国新药注册管理体制可以概括为企业或单位申报、省级局初审，国家总局负责技术审批和行政审批。新药注册审批包括临床试验、新药生产审批两个步骤。

按照审批的强度，新药注册的规制选项可以设计为五类：第一，对于可以通过医药市场竞争机制或者药品企业自律解决的审批事项，政府实行事中事后监管。第二，实行备案管理，取消新药注册审批。政府规定备案条件，医药企业将相关材料报送至药品监管部门后，即可开展临床试验或者新药生产活动。第三，简化新药注册审批，实行告知承诺制。审批部门一次性告知药品企业审批条件和需要提交的材料，企业承诺符合审批条件并提交相关材料，即可当场办理临床试验或者新药生产的审批事项。第四，提高新药注册审批的透明度和可预期性。简化办事流程，公开办事程序，推进标准化管理，明确审批标准和办理时限，最大限度地减少审批的自由裁量权，提升新药注

---

①　此处规制选项的设计是参考国务院 2015 年 12 月发布的《国务院关于上海市开展“证照分离”改革试点总体方案的批复》中对证照分离改革方式的规定，批复中将改革方式按照行政审批的强度由低到高依次排列为：取消审批；取消审批，改为备案；简化审批，实行告知承诺制；提高审批的透明度和可预期性；对涉及公共安全等特定活动，加强市场准入管理。

册审批的速度和质量。第五，对于涉及公共安全与健康的，具有重大风险且可能会造成巨大社会损失的关键审批事项或者环节，严格审批标准，强化政府管理。

三、对规制选项进行成本收益分析

在明确解决问题的规制选项之后，就需要对所有选项进行成本收益分析，确定规制选项的成本和收益。规制成本是指规制在设定和运行过程中所产生的消极影响而造成的社会福利的减少。主要包括两部分：一是行政机关为规制的设定与执行所支付的成本，具体包括：在规制设定阶段，行政机关搜集信息、听取意见、拟定规制方案、论证评估等方面的费用；在规制执行过程中，审批机关为开展行政审批进行的机构调整、人员配置与培训、设备配置与消耗、公布规制决定等方面的成本。二是守法成本，即企业和个人接受规制所需要付出的成本，包括：企业为接受规制而改进技术，改善经营管理，改变企业产品和服务的标准，降低企业利润和停产停业而支付的成本；[①] 公民为接受规制而支付的生活成本。规制收益是指通过规制实现社会资源的最优配置，从而实现社会福利质的极优化和量的极大化。主要包括：经济收益，即规制对规范市场竞争秩序、优化资源配置、稳定市场价格、激发市场活力、推动经济发展的作用；社会收益，即规制维护和促进社会公平、正义、稳定；环境收益，即规制对保护区域生态环境、增强环保意识、提高生存质量的作用。

具体到新药注册审批，其成本包括：第一，执法成本。药品监督管理部门的评审人员的使用、培训、评审设备和技术成本，对药品企业进行关于注册申请的要求、程序以及相关政策的培训和指导的成本，开展技术评审所聘请专家的费用、召开评审会议的会议费，对药品企业的非临床研究和临床研究的现场检查以及上市前的现场检查的成本，管理和公开评审信息的成本，寻租成本，等等。第二，守法成本。药品企业接受新药注册审批付出的人力、财力、物力和时间成本，因接受审批影响企业创新而带来的利润下降，药物

---

① 谢寄博：《成本收益分析法对行政审批标准的改造——借鉴美国经验的分析》，《甘肃社会科学》2016 年第 6 期。

审批导致患者用药困难并由此带来的患病痛苦增加，医药行业创新能力不足而难以健康发展。新药注册审批的收益主要包括：第一，保证药品的质量，保障人体及时、安全用药，提升人民的健康水平；第二，维护公平竞争、稳定有序的医药市场环境；第三，鼓励药品企业自主创新，提升企业竞争力；第四，提升政府公信力。

四、比较成本收益分析的结果

在分析完规制选项的成本和收益状况之后，需要货币化规制选项的成本和收益，以便进行统一比较，这里涉及贴现的问题，贴现率的确定需要具体结合我国的经济发展状况。[①] 在统一货币化成本和收益之后，对不同规制选项的总成本和总收益进行加总计算，得出净现值，以此作为抉择规制选项的依据。一般而言，抉择采用何种规制选项的标准是收益能够证明为其支付的成本的正当性。关于成本收益分析结果的应用，主要有两种方式：一是将成本收益分析的结果作为选择规制方式的前置性程序，成本收益分析只是一种事前评估规制效果的方式，其评估的结果对于规制方式的选择仅仅具有参考价值，没有决定性作用。二是将成本收益分析的结果作为抉择规制方式的唯一依据，分析的结果对规制选项的抉择具有决定性的作用，但是仅要求规制成本相对于收益可以接受即可。[②]

对于新药注册审批来说，需要将以上五类规制选项的成本和收益进行货币化，并统一比较，得出比较结果作为规制选项抉择的信息参考。引入成本收益分析能够有效地评估当前新药注册审批制度的绩效，有利于揭示当前新药注册审批制度在制度理念、体制安排、规则执行等方面存在的问题，推动新药注册审批制度的改革。[③] 此外，对新药注册审批的五类规制选项进行成本收益分析有利于预估不同规制选项的预期影响，为新药注册审批制度改革提供了备选路径。

---

① 张志强、俞明轩：《贴现率与资本成本：如何确定贴现率》，《财经问题研究》2014 年第 12 期。
② 赵雷：《行政立法评估之成本收益分析——美国经验与中国实践》，《环球法律评论》2013 年第 6 期。
③ 参见金成波《浅析我国新药注册审批制度存在的问题及原因》，《中国卫生法制》2016 年第 2 期。

经过成本收益分析之后，需要从规制选项中选择一项作为最终的规制措施，一般而言最终的规制措施应该是收益大于成本，或者收益能够证明为其支付成本的必要性，并且能够以最小的成本取得最大的收益。鉴于新药注册审批涉及药品质量和用药安全，属于《行政许可法》第 12 条第 4 款规定的直接关系公共安全和人身的重要产品和物品，其社会影响如此之大之深，因此行政审批仍是主要的规制方式。但是考虑到当前新药注册审批过度、审批低效的顽疾，未来放松政府规制、降低审批强度是新药注册审批制度改革的主攻方向。

具体而言，新药注册审批制度应该在以下方面作出调整：一是取消临床试验审批，调整为备案。医药企业只需将研制方法、质量指标、药理以及实验结果等有关的资料在药品监督管理部门备案即可。因为临床试验就其本质而言完全属于科研活动，并不涉及生产经营，试验可能产生的风险和危害也仅仅局限于小范围内，不存在威胁公共安全的可能性，因此其审批的必要性不成立。二是区分行政审批和技术审评，简化行政审批，使技术审评在新药注册审批制度中占主导地位。① 我国新药注册审批的实践运作与制度设计初衷有所背离的一个重要原因是重行政审批、轻技术审评。作为核心阶段的技术审评环节，审评结束后要将技术审评报告递交给项目负责人进行行政审批，而后者决定补充资料通知、批准、不批准和退审的审批结论。并且，最终临床试验和新药生产审批通过与否也不是技术审评说了算，而是国家食药监总局药品注册司的行政审批说了算。三是标准化技术审评和行政审批，提高审批的透明度和可预期性。行政审批标准化是指在审批的管理和运作过程中植入标准化的思维、理念和技术，以标准化的刚性效能约束审批自由裁量权，对规范审批行为，提升行政审批的效能和压缩审批的寻租空间具有重要意义。② 实现技术审评和行政审批的标准化能够有效地解决当前新药注册审批存在的审批时间长、效率低、不透明、审批寻租等问题，实现审批过程全流程公开透明、规范标准、办理结果预期明确。

---

① 金成波：《新药注册审批制度之弊与改革方向》，《中国党政干部论坛》2016 年第 3 期。

② 唐明良：《标准化与行政审批制度改革：意义、问题与对策》，《中国行政管理》2013 年第 5 期。

第五章

我国行政审批制度改革中成本收益分析应用的展望

第一节　行政审批制度改革中成本收益分析应用的理论困境与现实障碍

一、理论困境

作为一种经济性的、定量的分析方法和工具，成本收益分析自从被引入政府规制领域开始，就受到一些政府官员以及专家学者的质疑和批判。他们始终质疑成本收益分析在政府规制领域的适用性，质疑成本收益分析被用来分析目标、成本以及收益时，往往难以准确界定或者量化各规制选项。同时，在美国、欧盟和 OECD 等国家和国际组织实际开展规制成本收益分析的过程中，成本收益分析也确实暴露出了一些问题和不足。这些问题和不足影响着成本收益分析的准确性和有效性，也成为我国在行政审批领域应用成本收益分析的障碍。

（一）忽视决策产生的政治环境

这个问题实质上体现着成本收益分析和规制决策背后所代表的理性之间

的冲突，也是成本收益分析方法在分析规制问题时出现种种不足的根本原因。[①] 成本收益分析是一种量化分析方法，坚持的是一种经济理性，分析的结果一般是一种成本效益比最高、最有效率的方案；规制则经常被视作一种政治过程，是“消费者、企业和规制机构互相结盟并讨价还价的过程”[②]，坚持的是一种政治理性，决策的结果往往是一种各方妥协和认可的方案。经济上的最优并不等同于政治上的最优，成本收益比最高、最有效率的方案并不一定是最民主、最公平的方案。过于强调成本收益分析很可能会导致规制方案因为政治可行性不高而无法有效实施。在我国的行政审批过程中，审批机构也往往会遇到这种经济理性与政治理性相冲突的时候，如果审批机构依然过于依赖成本收益分析，最终很有可能会导致公平、正义等价值的受损和相关利益群体的强烈不满。

（二）无法评估难以量化的事项

成本收益分析作为一种量化方法，在处理存在无法量化的成本和收益的事项时往往会遇到很大困难。在对规制事项进行成本收益分析时，特别是在规制事项涉及社会性规制因素时，往往会存在诸如生命健康、社会公平、人的尊严等难以量化的成本和收益。当通过成本收益分析对于这些成本和收益进行量化的时候，其结论由于误差过高导致可靠性大打折扣。[③] 在我国的行政审批领域，除了经济性审批活动之外，还有着社会性审批活动以及兼有经济性审批和社会性审批双重性质的审批活动。“复合性审批，尤其是社会性审批中，很多事项是关系人民群众生命安全和身体健康的，还有一部分是关系人格尊严和社会可持续发展等代际平衡的审批。看似资源开发的审批背后隐藏的是价值的根本性冲突，针对这类审批，最现实的问题就是成本和收益量化困难”[④]。而且，随着我国行政审批改革的不断推进，政府会将更多的经济

---

① 参见毕洪海《作为规制决策程序的成本收益分析》，《行政学研究》2016 年第 3 期。

② ［美］丹尼尔·F. 史普博：《管制与市场》，余晖等译，格致出版社、上海三联书店、上海人民出版社 2017 年版，第 2 页。

③ 张成福：《论社会性管制及中国社会性管制发展》，载《21 世纪的公共管理：机遇与挑战——第三届国际学术研讨会文集》，格致出版社、上海人民出版社 2008 年版，第 350 页。

④ 谢寄博：《成本收益分析法对行政审批标准的改造——借鉴美国经验的分析》，《甘肃社会科学》2016 年第 6 期。

类的审批事项解除审批并将其交给市场，同时会更加重视对社会类的审批事项的审批和规制。在这样一种改革背景下，行政审批机构可能会处理更多的涉及无法量化因素的审批事项，成本收益分析无法处理难以量化的事项的问题会被更多地暴露出来。在这种改革背景下，如何采取有效的方式将这些指标加以转化或者采用何种方法对这些成本和收益进行估算，将成为对审批人员相关能力和技术的重大考验，也将成为影响成本收益分析方法适用性和准确性的关键

（三）成本和收益不容易准确计算

无法量化的成本和收益的存在使得精确计算某一个规制方案的成本收益变得十分困难。即便是不考虑那些难以量化的成本和收益，想要准确地计算出可以量化的成本和收益也并不是容易的事情。一方面，规制成本的计算十分复杂。在规制成本的计算过程中，各种机会成本、隐形成本的计算是最为复杂的。如果无法准确有效地将成本收益分析需要计量的全部成本明确界定并且准确量化，那么整个成本收益分析工作将会无法继续进行下去。另一方面，规制收益也很难清楚地加以准确界定。规制政策的社会影响十分广泛，往往会影响到社会的方方面面。一项规制政策的收益可能是多方面的，有直接收益也有间接收益，有长期收益也有短期收益，还会有一些潜在的收益。如何精确地区分各种收益，如何确定各种收益在收益计算中的权重分配，都不是一件容易的事情。此外，规制对象状况的改变并不一定全是规制政策的作用。在现实社会中，规制对象往往会同时受到多种规制政策的影响，也还会随着社会自身的发展而出现各种变化。因此，在计算某种规制方案的真实收益时，需要能够切实地将该项规制措施产生的收益与其他措施的收益和社会发展的影响区分开来。这同样是十分困难的。作为一种量化的方法，成本收益计算中的这些不确定性可能就会导致结果的不精确。因此，常常有人批评说成本收益分析只能提供一个大概的范围，具有绝对的不确定性。[①] 为了解决这一问题，很多研究者提出了一些简化的计算模式和方法以使对于成本

---

① Amy Sinden, "In Defense of Absolutes: Combating the Politics of Power in Environmental Law," *Iowa Law Review*. Vol. 90 (2005).

和收益的计算更方便。但是，简化的计算模型和方法在提高计算效率的同时，也可能会影响到最终分析结果的准确性和可靠性。成本收益计算的复杂性和困难性将会挫伤行政人员执行成本收益分析的积极性。而我国在技术和人员上的不足可能会放大这一不足对于成本收益分析在行政审批领域应用的不利影响。

（四）贴现率难以确定

“政府规制的影响是长期的，对规制影响进行成本收益分析，必须对未来的影响进行贴现。”① 如果要对未来影响进行贴现，那么必须有一个换算的比率，即贴现率。“贴现率存在的基本假设是随着时间的推移货币会出现贬值。对于市场化商品以及非市场化商品，到底应该采取多高的贴现率，理论界和实务界都莫衷一是，争议不断。对于贴现率的确定有不同的理论，但是任何一种理论都难以给出一个不招致检讨的数值。”②

（五）可能会引发公平方面的问题

成本收益分析方法还因为其可能导致分配不公平的问题而受到人们严厉批评和质疑。“因为支付的意愿和接受的意愿部分取决于收入，因此就有可能根据收入的分配权衡规制的得与失，从而规制政策就带来所谓分配正义的问题，这种基于收入的考量经常会遭到来自伦理方面的质疑。”③ 此外，“整体收益所采用的规模分析难免导致忽略分配正义，代际利益也难以被考虑”④。

（六）成本收益分析本身的成本过高

“在实际操作中，成本收益分析是一种复杂的经济分析工具，需要一系列人力、物力、财力的支撑。”⑤ 一个具体的成本收益分析过程中有多个具体环

① 张成福：《论社会性管制及中国社会性管制发展》，载《21 世纪的公共管理：机遇与挑战——第三届国际学术研讨会文集》，格致出版社、上海人民出版社 2008 年版，第 353 页。

② 金成波：《立法中成本收益分析制度的论争、作用及定位》，《浙江学刊》2016 年第 1 期。

③ 毕洪海：《作为规制决策程序的成本收益分析》，《行政学研究》2016 年第 3 期。

④ 毕洪海：《作为规制决策程序的成本收益分析》，《行政学研究》2016 年第 3 期。

⑤ 张成福：《论社会性管制及中国社会性管制发展》，载《21 世纪的公共管理：机遇与挑战——第三届国际学术研讨会文集》，格致出版社、上海人民出版社 2008 年版，第 353 页。

节需要耗费大量的时间和资源：首先，对信息的搜集加工和处理分析需要花费大量的人力、物力、财力以及时间来进行；其次，对成本收益进行界定和精确计算要运用到多种技术和方法，技术难度要求不低，也会花费一定的时间；最后，成本收益分析作为一种面向社会和公众的分析方法，还需要在与规制对象和社会公众的交流互动上花费成本。如果进行成本收益分析的是社会性管制领域的事项，分析的难度会进一步加大，需要更加复杂的程序和工具，花费的时间和资源可能会更多。“与零风险分析、风险评估、技术基础标准等其他简易分析工具相比，成本收益分析这一工具本身就意味着高成本，而这与成本收益分析初始的效率目的已背道而驰。”① 在将成本收益分析应用到我国具体的审批过程中时，人力、物力、财力的大量花费可能会使得审批机构及其审批人员对该分析方法的使用产生抵制情绪；审批时间的增加则会降低审批机构对于公众的回应性和处理紧急问题的能力，与“回应性”的政治价值出现冲突，与我国行政审批改革中“提高审批效率”的要求产生矛盾。

二、现实障碍

我国政府一直十分重视将成本收益分析方法运用到立法、规制等各个公共管理领域之中，各级政府部门大多都在其制定的规章条例中明确规定了成本收益分析方法的使用，但是，成本收益分析方法的应用却更多的是处在“纸上谈兵”的阶段。除了成本收益方法本身存在的一些问题之外，我国在立法、技术、资源、观念等多方面的现实障碍也制约着成本收益分析方法从理论探索真正落实为实践应用。

（一）法律依据不健全

规制成本收益分析之所以能够在美国、欧盟和 OECD 等国家和国际组织中取得显著的成效，关键的一点就在于这些域外国家和组织通过法律法规对规制成本收益分析的对象、原则、程序、操作方法和保障性措施等作出明确

---

① 张成福：《论社会性管制及中国社会性管制发展》，载《21 世纪的公共管理：机遇与挑战——第三届国际学术研讨会文集》，格致出版社、上海人民出版社 2008 年版，第 354 页。

规定，从而确保在规制成本收益分析实践中有法可依，有据可循。规制成本收益分析法律地位的确立有助于确保对所有“重大”规制进行成本收益分析，法定的规制成本收益分析有助于保证规制成本收益分析实践的规范性和一致性。[①] 我国目前在成本收益分析方面的立法还很不完善，虽然多个领域的法律法规中都明确提出要“推行成本收益分析”，但这些规定“多停留在宣示意义上，缺乏系统的实体制度、明确的程序配套以及刚性要求”[②]。例如，在行政许可领域，无论是中央层面的《行政许可法》，还是多个省、市出台的行政程序规定，都仅仅是要求“要在行政许可过程中进行成本收益分析”，却没有关于成本收益分析保障和操作程序的明确规定。在法律法规没有具体细致的规定的情况下，在行政审批领域应用成本收益分析更可能变为一种具有政治意义的口号或者标签，而不是实质的行动。此外，不规范地对行政审批事项进行成本收益分析可能会导致审批决策出现严重失误，给社会和审批对象带来更大的损失。

（二）数据库建设滞后

信息是成本收益分析的关键，信息搜集的质量直接决定成本收益分析的成败，高质量的信息搜集和处理可以大大提高成本效益分析的精确度和有效性。在规制成本收益分析实践中，美国、欧盟和 OECD 等国家和国际组织都针对各类规制对象建立了比较完备的数据库，从而大大方便了相关成本和收益信息的搜集并提高了信息搜集的速度和质量。相对于这些域外的国家和国际组织，我国的数据库建设非常落后，远不能满足政府规制对于数据信息的需要。这严重制约了我国行政审批机构搜集和分析信息的能力，使得搜集成本收益分析所需要的相关信息的难度和成本都大大提升，严重影响着成本收益分析在行政审批过程中的应用。

（三）技术和专业人员不足

规制成本收益分析主要采取经济学的分析方法以及各种定量化的技术，

---

① 肖兴志、孙阳：《规制影响评价的理论、方法与应用》，《经济管理》2007 年第 6 期。

② 王红霞：《社会性规制成本分析必要性与前瞻》，《东方法学》2013 年第 5 期。

需要具备专门知识的规制分析机构和掌握相关技术的专业人员。技术和人员的问题是各国在规制成本收益分析领域面临的共同问题，也是各国政府进行不断改善创新的重要领域。美国、欧盟和 OECD 等国家和国际组织之所以能够有效地开展规制成本收益分析工作，很重要的一个原因就在于它们成立专门的规制分析机构，拥有掌握相关分析方法和量化技术的专业分析人员，并广泛采用了包括利用“影子价格”反映规制在经济生活中的成本和收益、利用计量技术和工程研究方法确定规制成本和收益等在内的精确量化成本和收益的技术。① 不同于这些域外国家和国际组织，我国目前具体承担成本收益分析的往往是各审批机构和普通的行政人员，他们还远不具备进行成本收益分析的知识结构和专业技术。研究各种成本收益分析技术和方法，对相关人员进行必要的培训，是我国在真正推广成本收益分析方法前需要完成的基础性工作。

（四）观念上不重视

观念上的障碍也是阻碍成本收益分析在包括行政审批在内的各个公共管理领域加以推广的重要因素。一方面，整个国家和社会对成本收益分析的重要性和必要性认识不足。尽管政府已经开始认识到成本收益分析的重要性和必要性，但“传统中国文化重质性评价而轻量化分析的文化特质”② 使得政府官员、利益相关者以及社会公众在规制过程中更加关注政治性因素和社会性因素，还没有真正对成本收益分析形成足够的认同和重视。另一方面，相关的利益群体往往会出于自身利益的考虑对成本收益分析持一种抵制的态度：审批人员可能出于失去独立进行审批决策的权力的担忧，而对从事成本收益分析的专家持一种敌视或者不配合的态度；成本收益分析需要花费大量的人力、物力和财力成本，会使得审批决策者不愿意中断现有的工作去进行成本收益分析；政治家可能会认为其不利于统一思想和加强团结，并担心会因此延缓政策制定的过程和时机；而原先受益的特殊利益集团更会成为应用成本

① 肖兴志、孙阳：《规制影响评价的理论、方法与应用》，《经济管理》2007 年第 6 期。
② 肖兴志、孙阳：《规制影响评价的理论、方法与应用》，《经济管理》2007 年第 6 期。

收益方法的坚决反对者。[①] 这些来自行政审批各行动主体观念上的阻力有可能会成为未来成本收益分析方法在行政审批领域难以推行或真正落到实处的关键因素。

（五）公众参与渠道不畅通

规制的成本收益分析是一种面向公众和社会的分析，成本收益分析的有效开展离不开利益相关群体、社会公众以及各种社会组织的积极参与。公众积极参与对规制成本收益分析具有积极的意义：一方面，可以让规制者更好地了解规制对象的个人偏好、支付能力等相关信息，为其更准确地计算成本和收益提供更多的信息支持；另一方面，可以对规制者形成监督和制约，保证成本收益分析得以规范执行，避免规制者出现“管制俘获”的问题，也可以避免规制者将成本收益分析变为实现自己加强规制目的的一种工具。但是，我国公众长期以来缺乏参政议政以及维权的意识，同时也缺乏参与的法定渠道和途径。公众无法真正参与到规制成本收益分析以及规制决策的过程之中，必然会影响到规制成本收益分析的有效性。我国目前行政审批的决策过程依然是一个比较封闭的过程，社会公众既无法了解到审批者在具体的审批过程中是否真正使用了成本收益分析、成本收益分析的过程是否规范以及成本收益分析的结果与审批决策是否真正一致，也没有办法真正参与到决策过程之中并对最后的结果产生影响。在这样的情况下，对成本收益分析的使用也失去了真正的意义。

第二节　行政审批制度改革中成本收益分析应用的前景

成本收益分析方法尽管存在着诸多不足，引来了众多研究者的担忧，然而因为具有客观、透明等优点，它还是成为各国政府所掌握和运用的一种重要分析工具。美国、欧盟和 OECD 等国家和国际组织很早就已经认识到了成本收益方法的积极意义，并已经形成了一套完整的成本收益分析体系，并将

---

① 梅黎明：《中国建立规制影响评价制度的障碍及政策建议》，《求实》2009 年第 4 期。

其充分运用在行政立法、政策制定以及规制变革等领域。随着规制改革的不断深入，我国中央和地方政府也意识到成本收益分析方法的重要作用，在诸多法律法规中对此予以强调，并开始在实践中展开了一些积极的探索。

一、域外国家和国际组织的成功实践

前文已述，经过 40 多年的实践，规制影响评价制度在美国、欧盟和 OECD 等国家和国际组织已经得到了较为广泛的应用并取得了良好的效果。这些域外国家和国际组织的成功实践为我国引入和推行规制成本收益分析方法提供了有益的借鉴。

（一）美国规制成本收益分析的成功实践

美国是最早将成本收益分析方法引入到规制过程中的国家，也是目前规制成本收益分析体系最为完善的国家。总结起来，美国政府的成功实践主要得益于在法律规定、机构设置等多个方面采取了一系列措施，最终建立了完善的规制成本收益分析体系。第一，通过法律建构规制影响评价制度的基本框架。美国国会通过颁布《行政程序法》《国会审查法》等一系列法律，对规制影响分析的基本框架加以界定，明确了规制成本收益分析的法律地位。第二，通过总统行政命令对规制影响分析的制度进行强化。包括里根、克林顿等多位美国总统都通过行政命令对规制成本收益分析的问题加以强调，要求政府各部门在规制决策中要考虑成本收益的问题。第三，建立完善的规制影响分析的管理体系和运行机制。一方面，建立联邦层面行政管理和预算局和信息与规制事务办公室集中审查和协调规章的机制；另一方面，明确各行政部门和独立规制机构的具体职责，要求这些机构在规制决策和执行过程中执行具体的规制影响分析程序，并向行政管理和预算局和信息与规制事务办公室提供年度成本和收益分析报告以接受审查和监督。这样，负责审查和协调的行政管理和预算局和信息与规制事务办公室加上承担具体操作的规制部门和机构共同构成了一个完整的规制影响分析管理体系，为规制影响分析的有效开展提供了组织保障。第四，制定统一规范的规制影响分析的指引文件。根据法律和总统行政命令的规定，行政管理和预算局和信息与规制事务办公室制定并多次修订了规制影响分析的指引文件，形成了规范成熟的操作程序和评价标准，增强了规制影响分析实践的规范化和标准化。第五，建立向国会报告联邦规制绩效的年度报告制度。根据相关法规的规定，“行政管理和预算局和信息与规制事务办公室每年要在规制机构提交的年度监管成本和收益分析报告的基础上，分析、综合和整理出一份向国会报告的联邦监管的总成本与总收益的年度报告”①。这样，“既从制度上规定了跟踪规章的实施效果，又在实践中检验规章是否符合市场本身的要求”。② 通过建立这样一个完整的规制影响分析体系，美国政府逐渐使成本收益分析成为政府在规制立法、决策和执行过程中的一个必要环节，大大增强了政府规制的效率、效益和科学性。

（二）欧盟规制成本收益分析的成功实践

从 20 世纪 80 年代起，欧盟就开始将影响评价的制度引入其行政过程之中，来分析其决策和立法对经济社会造成的各种影响。通过不断的法律制定和机构建设，欧盟政府逐渐确立起完善的规制影响评价体系。总结起来，欧盟的成功实践包括以下几个方面。第一，形成统一规范的规制影响评价的操作程序。自从在《2001 年持续发展战略》和《2001 年欧洲治理白皮书》中明确提出“要对欧盟重要的立法、规章、指令等相关提案的潜在影响进行评估”之后，欧盟就开始确实确立起规范的影响评价程序。在经过多次修订之后，最终在 2009 年发布了最新的影响评价指引文件，规定了欧盟统一规范的影响分析程序，为欧盟各部门和各成员国的影响评价工作提供了指导。第二，建立健全完备的影响评价的管理体制。2006 年，欧盟模仿美国的信息与规制事务办公室建立了规制影响评价委员会。该机构隶属于欧盟主席直接统领的欧盟的总秘书处，规制影响评价委员会是欧盟委员会广义“明智”规制的一部分，其旨在与各规制部门相协调，整合各个部门，以实现对规制影响进行有效的评估。该机构和欧盟委员会各职能部门内的具体影响评估机构共同构成了欧盟的规制影响评价的管理机构体系。在建立完善的规制影响评价体系之

① 席涛：《政府监管影响评估分析：国际比较与中国改革》，《中国人民大学学报》2007 年第 4 期。
② 席涛：《政府监管影响评估分析：国际比较与中国改革》，《中国人民大学学报》2007 年第 4 期。

后，规制影响评价已经成为所有规制决策的标准化程序。[①] 当欧盟委员会的各职能部门提出某项规制决策后，在提交具体的决策方案的同时，还需要提交一份规制影响评价报告，以供欧盟理事会和各成员国讨论和表决。评估可以分为两级：初级效果评估，只关注一些主要问题，即规制的目的是什么，为执行规制所要支付的成本大概有多高，从草拟到批准通过时限有多长等；延展效果评估，重点在于方法的选择，即除了可以进行成本-效益分析，还可以进行成本-效率分析、量化分析等。[②] 总体而言，欧盟的规制影响分析正在变得更加透明和规范，规制影响分析的数量在不断增加，规制影响分析的科学性和专业性在不断增强。而随着欧盟在越来越多的规制领域运用影响评估方法，其规制的效率和科学性也在不断增强。

（三）OECD 规制成本收益分析的成功实践

作为一个具有重要影响的国际组织，OECD 一直致力于帮助其成员国实现“更好的规制”，更是始终强调规制影响分析可以被当作“更好的规制”的核心内容。2005 年 4 月，OECD 正式出版了《OECD 规制质量与绩效的指引原则》，这是对实施 1995 年出版的《提高政府规制的质量的建议》、1997 年出版的《规制改革的政策建议》，以及 2002 年以来其成员国开展监管改革的经验总结[③]。《OECD 规制质量与绩效的指引原则》基本反映了各成员国关于改善规制的经验和共识，对其他国家同样有着重要的借鉴和指导意义。在以往的 20 多年中，OECD 的关注重点从放松规制、规制改革走向了通过规制政策实现“更好的规制”，关注规制政策、机构和工具。规制政策指的是在整个政府范围内就应该如何运用规制权力系统地制定和实施相关的政策。规制机构，则是推进规制政策的机构，例如在美国是预算与管理办公室，在英国则是规制政策委员会（2006 年以后）。规制工具，是指旨在改进规制设置和实施的工具。[④] 在 OECD 看来，“规制影响分析工具，如成本-收益分析、成本有效性分析和风险分析，是提高监管机构决策能力，披露市场信息，判断市

① 孙浩康：《欧盟及其他国家规制影响评估制度及经验介绍》，《经济与管理研究》2006 年第 1 期。

② 孙浩康：《欧盟及其他国家规制影响评估制度及经验介绍》，《经济与管理研究》2006 年第 1 期。

③ 席涛：《政府监管影响评估分析：国际比较与中国改革》，《中国人民大学学报》2007 年第 4 期。

④ 毕洪海：《作为规制决策程序的成本收益分析》，《行政法学研究》2016 年第 3 期。

场失灵严重性最有效的工具”[①]。因此，OECD 一直致力于建议和协助其成员国将影响评价制度引入到规制决策和规制评估过程之中，改进各自的规制状况，以实现“更好的规制”。而在 OECD 的努力下，规制影响评价工具的运用已经普遍化，绝大多数成员国已经建立起了专门的规制影响评价机构和规范的规制影响评价程序。

二、我国中央和地方政府的积极探索

规制影响评价制度在美国、欧盟和 OECD 等国家和国际组织已经被证明是一种衡量和改进规制政策有效性的重要工具。当前，规制改革也已经成为我国政府改革的重要内容，我国政府也开始认识到成本收益分析的意义，将逐步将其引入法律制定、规制决策等领域之中。

（一）立法层面的探索

随着政府对成本收益分析方法重要性的逐步了解，我国中央和地方政府都在诸多法律规范中明确强调要在立法、决策等行政活动中引入成本收益分析方法，通过法律法规明确了成本收益分析方法的法律地位。在中央政府层面，中央政府在多个法律文件中明确提出要在立法、决策等行政活动中引入成本收益分析方法：1998 年 5 月，国务院办公厅发布的《关于国务院关于行政立法举行听证会的意见》，要求“对行政立法可能导致的社会后果展开充分的分析与预测，对多种方案进行评估与优选”；2003 年的《行政许可法》颁布，在其第 20 条中也要求“行政许可的设定机关应当定期对其设定的行政许可进行评价”；2004 年 3 月，国务院发布的《全面推进依法行政实施纲要》，要求“积极探索对政府立法项目尤其是经济立法项目的成本效益分析制度”；2010 年 10 月，国务院发布的《国务院关于加强法治政府建设的意见》中提出“积极探索开展政府立法成本效益分析、社会风险评估、实施情况后评估工作”；2019 年 4 月公布的《重大行政决策程序暂行条例》第 12 条第 3 款规定“决策承办单位根据需要对决策事项涉及的人财物投入、资源消耗、环境影响等成本和经济、社会、环境效益进行分析预测”。

---

① 席涛：《政府监管影响评估分析：国际比较与中国改革》，《中国人民大学学报》2007 年第 4 期。

在中央政府明确表明对成本收益分析方法的关注之后，各地政府也相继出台了相关的法律。例如，2006 年开始施行的《重庆市政府重大决策程序规定》第 14 条规定“决策承办单位应当对决策备选方案的科学性、可行性、合法性进行充分论证。涉及资源配置的决策，应当进行成本效益分析，其结果可以量化的应当量化”；2008 年 10 月开始施行的《湖南省行政程序规定》第 34 条第 4 款规定“决策承办单位可以对重大行政决策方案进行成本效益分析”；2011 年 2 月，苏州市政府法制办下发《关于开展立法成本效益分析的指导意见》，明确了立法成本效益分析的基本涵义、主要内容、分析的程序以及分析报告的要求；其他各省的相关规定也都是大同小异，都是强调政府要在法律制定、行政决策等领域中引入成本收益法律。中央和地方制定了如此多的法律法规来确定成本收益分析方法的法律地位，但是，由于没有对评估机构、评估程序和评价标准等内容进行具体的规定，导致这种立法层面的探索更多地成为一种倡导性规定。

（二）应用层面的探索

在我国，规制成本收益分析应用比较广泛和成熟的领域是环境影响评价领域。自 1979 年联合国斯德哥尔摩人类环境会议之后，我国通过 1989 年的《中华人民共和国环境保护法》在立法上确立了环境影响评价制度，开始了对环境影响评价制度的探索和构建。经过多年的努力，我国政府在环境影响评价领域取得了积极的成效：确立了以《环境影响评价法》为核心，包括《建设项目环境保护管理条例》《建设项目环境保护分类管理名录》等配套法律法规在内的完整的环境影响评价管理法规体系；建立了以环保部门为主导，各种专业评估部门为支撑的环境影响评价体系；环保部门还不断开展环境影响评价技术导则、行业清洁生产标准和污染物排放标准的编制和修订工作，为环境影响评价提供明确的指导和规范。经过这些努力，环境影响评价的法律地位大大提高，得到了国家和社会各界的广泛认可。“在建设项目的环境影响评价工作上，中国目前已经相对比较成熟，其管理制度和运作模式已经被社会各界广泛认同和接受，在执行方面也已基本没有障碍。”[①]

---

① 梅黎明：《中国规制政策的影响评价研究》，2009 年江西财经大学博士学位论文。

尽管我国在环境影响评价领域的实践还存在着诸多的问题和不足，但是这一领域的实践为我国在行政审批过程中全面引入规制成本收益分析方法提供了一种思路。在规制成本收益分析方法引入的过程中，我国政府可以采取“先易后难”的方式，先在涉及道德伦理等因素较少的行政审批领域中应用该方法，然后在总结经验并将成本收益分析方法加以完善的基础之上将其应用到涉及道德伦理等因素较多、操作更为复杂的领域。在每一个行政审批具体领域中，也可以参考环境影响评价制度建构的做法：首先，完善相关的法律法规，通过法律规范明确成本收益分析方法在该审批领域的法律地位；其次，明确具体审批部门的基本职责，并建立专业评估机构来提供技术支撑，构建起完善的管理体系和运行机制；再次，要制定更为详细的规章制度来对操作程序和评价标准等细节加以明确规定，为审批部门进行具体的成本收益分析操作提供指导和标准；最后，要按照法律法规的规定在具体的审批实践中积极地进行成本收益分析，在推行中不断完善该方法并使其逐渐得到社会公众的支持和积极参与，在不断推行中使成本收益分析成为该行政审批程序的必要环节和审批决策的常态。

三、我国改革中成本收益分析应用的推进路径

（一）适时修订《行政许可法》

我国《行政许可法》于 2003 年 8 月 27 日通过，自 2004 年 7 月 1 日起施行，至今已经运行 18 年之久。但是这么多年，在行政审批制度改革如火如荼的大背景下，除了《行政许可法》之外，还没有其他专门针对行政审批而制定的相关法律法规，而且，行政审批改革的力度相比于《行政许可法》修正的力度要大得多，这就致使改革和法律之间的关系越发紧张。同时，《行政许可法》规范行政权力的力度比较大，涉及行政权力的领域比较广，所以行政机关抵制和规避法律的现象比较严重。[①] 为了解决这些问题，进一步推动行政审批制度改革，实现重大改革于法有据，必须适时修订《行政许可法》。对

① 马怀德：《关于行政审批制度改革的建议》，《法制日报》2013 年 10 月 16 日。

于行政审批制度改革中成本收益分析的推进，应该以《行政许可法》修订为契机，在《行政许可法》的“总则”或者“行政许可设定”部分，增加规定“行政许可的设立和变更应当考虑成本和收益”的内容，由此为成本收益分析在行政许可设定和变更过程中的应用确定实定法依据。

（二）在细分行政审批领域推进成本收益分析应用

推进行政审批的成本收益分析的应用，还是应该从细分行政审批领域着手，以美国为例，包括其农业部、商务部、国防部、教育部、能源部、卫生及公共服务部、国土安全部等在内的20个部门都在进行规制的成本收益分析的操作，但是这些部门应用规制成本收益分析的时间并不相同，有早有晚，都是根据自身的状况以及实践的发展，逐步确立起来。在我国，在难以统一规定对行政审批进行成本收益分析的背景之下，应该在细分领域取得突破。比如，2019年4月颁布的《重大行政决策程序暂行条例》第12条第3款规定，决策承办单位根据需要对决策事项涉及的人财物投入、资源消耗、环境影响等成本和经济、社会、环境效益进行分析预测。这是在行政决策过程中推进应用成本收益分析的重要契机，国家应该进一步探讨，关于这一制度操作指定更为细化的规定，行政决策过程中如果有审批事项，那么对于这些审批事项实行成本收益分析当然是题中应有之义。还比如，在行政立法领域，可以率先尝试应用成本收益分析，如2007年12月海南省人民政府办公厅发布了《海南省人民政府办公厅关于开展立法成本效益分析工作的实施意见》，该规范性文件全面而且具体地规定了立法成本效益分析，在立法中如果涉及行政审批事项，当然也应该适用成本收益分析。

第三节　行政审批制度改革的深层次思考：规制理论与行政行为理论的兼容与调适

一、传统行政行为类型化的基础理论

行政行为是我国行政法学的核心范畴之一，曾被认为是传统行政法学的

灵魂和核心，是行政法学理论的精髓和柱石。行政法学以行政行为为主轴构建自己的理论体系，正如行政法学家张树义老师所言："行政行为理论在行政法学中相当于犯罪构成理论在刑法学中的地位。"① 由于行政行为内容纷繁复杂、形式多样，很难做到对每一种行政行为进行直接、具体的研究。所以，需要借助类型化的方式，按照一定的标准将行政行为划分成不同的类别，然后对每类行政行为的内容、特点、适用原则等进行深入的研究和探讨，并以此为基础形成一定的理论分析框架来指导我国的行政法治实践。关保英教授对行政行为分类这个命题有过界定，"所谓行政行为分类就是依照一定的标准和目的对行政行为的类型所作的理论上的划分"②。在我国对行政行为的分类方法很多，不同的学者从不同的角度出发提出了很多种分类方法，但大多数学者对下列分类方法基本达成了共识：（1）以行为功能和对象是否特定为标准而划分的抽象行政行为与具体行政行为；（2）以适用与效力作用对象的范围为标准而划分的内部行政行为与外部行政行为；（3）以行政权作用的表现方式和实施行政行为所形成的法律关系为标准而划分的行政立法行为、行政执法行为、行政司法行为；（4）以行政职权的来源为标准而划分的自为的行为、授权的行为和委托的行为。③ 在这些分类之中，传统上较为重要、应用较为广泛的分类是抽象行政行为和具体行政行为的分类，其中，具体行政行为又可以再细分为行政许可、行政给付、行政征收、行政征用、行政奖励、行政处罚、行政处分、行政裁决、行政强制、行政复议等。相较于其他的分类方式，这种分类方法被更加广泛地运用于我国的立法、执法和司法等各个领域，对我国的行政实践和行政审判起着重要的指导作用。

行政行为的分类研究具有重要的价值和意义，犹如行政法学泰斗应松年教授所言，"行政行为分类的科学性程度，标志着行政法学研究的成熟程度"④。在理论研究中，借助于分类是我们科学地认识与掌握行政行为内容和形式的前提，也是区分不同行政行为类型的重要依据。"只有通过这种分类，我们才能进一步科学地认识和掌握行政行为的内容和形式、程序和结果、合

---

① 张树义：《行政法与行政诉讼法》，高等教育出版社 2002 年版，第 68 页。

② 关保英：《行政法案例教程》，中国政法大学出版社 2013 年版，第 131 页。

③ 应松年：《行政法与行政诉讼法》，法律出版社 2009 年版，第 115—116 页。

④ 杨海坤、陈迎：《国内行政行为分类研究述评》，《黑龙江社会科学》2003 年第 3 期。

法和违法、制度和运作，从而使行政行为定型化、模式化。”① 在实践中，分类研究同样具有十分重要的价值：首先，行政行为分类可以为行政立法提供指导。我国目前相关行政法规的制定都是按照具体行政行为的分类分门别类地制定的。其次，行政行为分类可以为控制行政行为提供便利。行政行为分类通过分类研究揭示了不同类型行政行为的核心特征和基本规律，厘清了不同行政行为的区别和界限，为控制各种行政行为提供了标准和依据。第三，行政行为分类界定了行政救济的范围。我国行政复议和行政诉讼的救济范围都是直接或间接地与行政行为分类相关联，特别是具体行政行为的界定和分类对行政行为的救济有着举足轻重的影响。② 这意味着在进行分类的同时已经影响了其是否属于行政救济的范围，以及采用何种途径进行救济。

二、行政行为类型化面临的现实问题

“自 20 世纪中后期以来，经济全球化趋势增强，科技革命迅速发展，社会参与管理的意识日趋强烈。与此同时，政府的职能和规模大幅度扩张，造成机构臃肿、人员膨胀、办事效率低，行政费用大量增加，面临着信任危机、财政危机等严重挑战。”③ 为了应对内外压力，各国政府将公共行政改革纳入政府议程之中，以提高政府的治理能力并实现政府、市场和社会的协调发展。尽管各国改革的内容有所不同，但也有着一些共同之处：在政府角色定位上，都坚持以服务为主；在行政管理手段上，都积极开展放松规制改革，将诸多规制事项放权给社会和市场，更多地采取一些权力色彩较淡和强制功能较弱的新的管制方式。随着改革的不断扩散，我国政府也开始融入改革的潮流之中，以确立“党委领导、政府负责、社会协同、政府参与”的治理模式为目标，深化和拓展我国的社会治理变革。我国政府主要采取了以下的改革措施：构建有效政府和服务型政府，放权给市场和社会，优化政府、市场与社会之

---

① 叶必丰：《行政行为的分类：概念重构抑或正本清源》，《政法论坛》2015 年第 5 期。

② 2014 年我国《行政诉讼法》修改，将“具体行政行为”的规定修改为“行政行为”。

③ 魏蕾：《关于公共行政变革与行政行为理论发展的探索》，《电子科技大学学报》（社会科学版）2006 年第 6 期。

间的治理分工；理顺政府与市场的关系，通过放松规制、创新规制方式以及民营化等措施向市场放权，发挥市场在资源配置中的决定性作用；理顺政府与社会的关系，培育社会组织和社区自治，发挥社会力量在管理社会事务中的作用。“这一系列的变革，瓦解了原有的一元化社会结构，促使国家-社会-市场三元结构模式初步形成。”① 新的治理模式意味着不同的行政行为社会治理模式的变革会导致行政行为实践在行为主体、行为类型以及行为过程等多方面出现新的变化。这些新的变化会对传统的行政行为理论带来新的挑战和冲击，严重影响着行政行为理论的理论解释力和实践指导作用。

（一）行政行为主体多元化

在各国行政变革的过程中，最核心的是国家权力从社会、经济领域有序退出，还权于企业和社会，打破了政府对社会公共事务的垄断。② 这就意味着公共行政不再是专属于政府机构的事务和职责，公共行政权力也不再由政府所独有，而是由政府、市场和社会来共同行使公共行政权力和处理公共行政事务。这就意味着行政行为的主体逐渐实现多元化，政府、企业、非政府组织都可以成为公共行政行为实践的主体。在我国实际的公共行政实践中，一些公共事务已经开始转交给企业或者非政府部门来承担，还有一些公务事务开始由政府、企业或者非政府部门来合作承担。尤其值得关注的是，公私合作供给、协作性规制等公私合作的方式正在成为我国各级政府行驶公共权力时的首要选择，成为当下行政改革的一个热点。行政行为主体的多元化更容易带来腐败、推卸责任和管理不善等问题，迫切需要行政法规对其加以规范和调整。但是，根据我国目前的行政行为理论和行政法规，只有行政机关和法律、法规、规章授权的组织具有行政法人格。③ 这一规定将这些不是由行政机关和授权组织承担的行为排除在了行政法规调整的范围之外，导致这些行为处于一种无法可依的状态，不利于行政改革的进一步推进和深化。

---

① 魏蕾：《关于公共行政变革与行政行为理论发展的探索》，《电子科技大学学报》（社会科学版）2006 年第 6 期。

② 郭道晖：《权力的多元化与社会化》，《法学研究》2001 年第 1 期。

③ 江必新、邵长茂：《社会治理新模式与行政法的第三形态》，《法学研究》2010 年第 6 期。

（二）行政行为方式多样化

政府职能的重新定位，行政主体的多元化，共同促成了行政行为的多样化。政府、非政府部门等参与到公共行政过程之中，必然会将私人领域的一些行为方式和管理方法引入到公共行政活动之中。政府与市场、社会间关系的转变也要求政府创新自己的规制方式，更多地采取一些权力色彩较淡和强制功能较弱的新的管制方式。“随着社会主义市场经济体制的逐步确立和社会各项事业的不断发展，在行政管理领域里也开始出现了新的行政管理手段，如行政合同、行政指导、行政调解等，这些行政法律行为并不具有明显的强制性，而具有其独特的性质和功能。”① 但到目前为止，也没有对这些行政法律行为作统一的归纳、定位、分类研究，更谈不上具体运用。而且，随着行政改革的不断深化和规制手段的不断创新，还会有更多的新的行政行为类型出现，而以功能为标准的具体行政行为分类往往滞后于实践的发展，会使更多行政行为无法可依。

（三）行政过程耦合化

现代行政过程日益复杂，政府在行政执法时往往会需要同时采取多种不同类型的行政手段，行政行为往往以复合结构出现。“每一个现代行政过程都是由一连串节点组成的，都是为了实现某一特定政策目标所进行的环环相扣的不同行政活动形式的链接与耦合。”② 行政行为在这个行为链中所处的环节不同，其在整个行政过程中的地位和所起的作用就有所不同，最终导致不同行政行为其效力有所不同。③ 因此，进行研究和分析时，要坚持整体性的观点，将整个行政过程看作一个动态的过程，对整个过程进行研究。但是，传统行政法学对行政许可、行政处罚、行政指导等诸多行政活动形式的研究，更多的是静态的各个击破式的割裂研究。④ 这种“碎片化”的研究往往无法

---

① 郝晶：《对我国行政行为类型化研究的一点思考》，《前沿》2010 年第 16 期。

② 朱新力、宋华琳：《现代行政法学的建构与政府规制研究的兴起》，《法律科学》（西北政法学院学报）2005 年第 5 期。

③ 参见关保英《行政行为的法律分类构想》，《东方法学》2009 年第 4 期。

④ 朱新力、宋华琳：《现代行政法学的建构与政府规制研究的兴起》，《法律科学》（西北政法学院学报）2005 年第 5 期。

把握不同行政行为之间的联系，从而导致在分析具体问题时出现偏差。

三、规制理论对行政行为类型化的冲击与改造

行政法是关于公共行政的法，行政法应该研究和反映公共行政的发展和变革。既然规制改革已经成为当前公共行政的核心趋势，那么行政法研究也应该将规制作为重点研究的对象，引入政府规制理论这一强有力的分析工具来对行政法学进行研究，以更好地适应公共行政和社会治理的新形势。“政府规制理论最早发轫于20世纪60至70年代的美国经济学界，它所研究的主要对象是行政机构的活动以及行政对市场和社会的规制。应该说，政府规制研究本质上是一种问题导向的政策分析理论，它是法律学科内的整合，它不只是行政法，甚至也不只是公法，而是为了彻底解决问题而综合运用各种法律手段、法律机制和法律思想的理论。”① “回顾20世纪以来的西方政府规制研究，它经历了‘市场失灵与政府的矫正措施、检视规制政策的效果、寻求规制政策的政治原因、政府规制中的激励问题’四次主题变迁，形成了公共利益规制理论、部门利益规制理论、放松规制理论和激励性规制理论等流派。”② 规制理论对规制目标、规制对象、规制原因以及规制手段等进行了分析和研究。

规制理论和传统的行政行为理论之间存在很大的不同：规制理论是一种问题导向的理论，对规制进行研究时往往将某一类规制问题作为研究对象，或着眼于整个规制过程，从事前、事中和事后三个维度来分析规制问题；或是按照所处的社会领域将问题进行分类，然后再来把握每一类规制问题的特征。我国的行政行为理论则是建立在行政行为类型化的基础之上的，按照不同的标准将行政行为分为不同的类型，然后针对每一类行政行为进行研究并用来指导行政和司法实践。这背后更是体现着英美法系和大陆法系的本质区别：英美法系中并没有“行政行为”这一概念，所以规制理论不把“行政行

---

① 朱新力、宋华琳：《现代行政法学的建构与政府规制研究的兴起》，《法律科学》（西北政法学院学报）2005年第5期。

② 韩中华、付金方：《西方政府规制理论的发展及其对我国的启示》，《中国矿业大学学报》（社会科学版）2010年第3期。

为”作为其主要对象；大陆法系中有“行政行为”的概念，所以行政行为成为我国行政法研究的核心内容。两种理论间的差异要求我国在引介政府规制理论的时候，要对行政行为理论，特别是行政行为的类型化进行必要的调整和改变。

（一）重新界定行政主体的含义

规制理论对传统的行政行为理论带来的首要的冲击就是会引发对行政主体的重新界定。在当下的规制理论中，放松规制是其重要的研究领域，主张政府收缩规制的范围，将不少规制事项转交给市场、非政府部门来负责，更是设置了诸多独立规制机构来负责特定的规制事项和规制活动；协作性规制等理论则强调政府和企业、非政府部门等机构合作处理规制问题。这种规制主体多元化的趋势与传统行政行为理论仅将行政机关和授权组织作为行政主体的规定产生了明显的冲突。为了更好地引介规制理论，就必须赋予行政主体新的内涵，扩大行政主体的外延。“从内涵上讲，公共行政包括国家行政和行使某种公共职能的社会组织（如非营利性的行业、专业协会组织）行政。”①“从外延上讲，根据中国正在成长的非政府公共组织以及自治性行政组织的实际情况，并借鉴国外已有的行政主体划分经验，可以将行政主体划分成行政机关，被授权组织、村、社区、特别行政区自治组织，以及依法拥有行政权的中介组织和公共管理机构等。”②

（二）打破传统的行政行为分类

将规制理论引入行政法学研究，受到冲击最大的是行政行为类型化。随着规制理论的引入和规制改革的推进，行政行为类型化会显得不合时宜：（1）只关注行政行为会使研究“碎片化”。与行政行为理论不同，规制理论是一种问题导向的理论，关注的是规制的整个过程，强调从整体上研究行政过程和行政活动。如果还坚持将规制过程中的各种具体行为进行分类然后加以

---

① 罗豪才：《行政法学与依法行政》，《国家行政学院学报》2000 年第 1 期。

② 魏蕾：《关于公共行政变革与行政行为理论发展的探索》，《电子科技大学学报》（社会科学版）2006 年第 6 期。

研究的话，只会将整个规制过程割裂，从而使研究缺乏整体性和系统性。（2）新的行政活动形式不断出现。规制理论的核心内容之一就是规制方式的创新，注重不断创造与合作治理、合作行政相适应的规制方式和手段。这就意味着，新的行政活动形式是会不断出现的。以功能为标准的行政分类最大的问题就在于没办法及时将新的行政行为类型纳入分类体系之中。随着新的行政活动形式的不断出现，这一缺陷会不断暴露，出现很多行政活动形式无法可依或者行政行为分类研究疲于应付的局面。（3）无法类型化的行政活动形式不断出现。“在现代社会为了更好地实现规制目标，出现了许多崭新的无法被类型化的行政活动形式，例如信息披露、特许契约、私的规制、经济诱因、强制责任险、价格规制、反垄断、通过诉讼的规制等。”① 如果坚持分类研究的基本方法，会使对这些规制形式的研究变得极为困难。因此，如果要想引入规制理论，需要对行政行为类型化的相关理论进行根本性的变动。在这个问题上不少学者都提出了自己的主张和观点，不少学者提出了多种新的行政行为分类方式，还有的学者提出在“行政行为”之外引入“行政过程”“行政活动”等概念以便于研究的开展。既然行政行为分类模式存在如此多的不适应之处，我国或许可以学习英美国家的做法，将研究的重点放在行政活动或者行政过程之上，不再对行政行为进行分类，并制定统一的行政行为法典。②

（三）构建新型的行政法律关系

在政府规制理论中，规制往往被视为一种政治行为，被视为是规制主体和规制对象相互结盟并讨价还价的过程。而新兴的协作性规制、回应性规制等规制理论更是把规制机构、规制对象以及其他利害关系人之间的合作和互动视为一种必然，倡导多方主体之间的合作治理。这种关系定位是对传统的行政法律关系的一种冲击：传统行政法理论认为行政法律关系主体仅由行政主体和相对人两方面构成，不承认利害关系人在行政法律关系中的主体地位；

---

① 朱新力、宋华琳：《现代行政法学的建构与政府规制研究的兴起》，《法律科学》（西北政法学院学报）2005 年第 5 期。

② 2021 年全国人大常委会将“研究启动行政基本法典的编纂”列入年度立法工作计划，2022 年全国人大常委会提出“研究启动条件成熟的相关领域法典编纂工作”。

传统的行政法律关系也不会强调多主体的合作互动关系。[①] 因此，规制理论的引入也会引发我们对于行政法律关系的反思，推动新的多元互动式的行政法律关系的确立。

四、结语

尽管规制理论的引入可能会给我国现行的行政法理论带来具体的冲击和挑战，但是，它并不会终结或者颠覆现有的行政法学理论，而是会给我们提供一种新的研究思路和视角。转型时代的中国正在经历着一场规制改革浪潮，这场改革的结果对我国社会发展有着举足轻重的影响。对规制问题的研究应该成为接下来各学科研究的焦点，行政法学更不能将规制研究排除在外。行政法学应当在引介规制理论的基础上，将其本土化并用于研究我国的规制变革实践，用这一研究工具去革新传统行政法的概念架构和学理体系，从而逐步建立起对真实世界行政过程有解释力的现代行政法学体系。[②] 具体到行政审批制度的改革，部门横向分割的许可权配置形成了碎片化的行政审批管理体制，由此导致的缺乏协作与管制矛盾、标准冲突与程序繁复以及市场准入壁垒的提高，造成了审批的高成本、低效率。[③] 要通过行政行为法、行政组织法以及行政程序法把行政审批改革的成果和经验常态化、法制化，要按照实质法治的进路，为行政审批提质增效和继续深入推进提供开放的合法性论证思路。[④]

---

① 茅铭晨：《传统行政法与政府管制法的关系》，《西南政法大学学报》2005 年第 4 期。

② 朱新力、宋华琳：《现代行政法学的建构与政府规制研究的兴起》，《法律科学》（西北政法学院学报）2005 年第 5 期。

③ 骆梅英：《行政审批制度改革：从碎片政府到整体政府》，《中国行政管理》2013 年第 5 期。

④ 杨小军、杨霞：《行政审批制度改革成效、问题与探索》，《行政管理改革》2018 年第 12 期。

附录：

行政审批制度改革的地方经验

附录一：宁夏银川市调研报告

银川地处西北内陆，既不沿边又不靠海，发展外向型经济长期受限，经济欠发达的市情倒逼银川以改革促发展。银川市的改革坚持目标导向与问题导向相统一，先行先试，以深化行政审批制度改革为切入口，加快释放改革红利。银川市是较早推进行政审批制度改革的城市，2012年国务院批准建设宁夏内陆开放型经济试验区，作为首府城市、试验区核心区，银川市启动了减程序、减时限、减费用，提高行政效率、提高服务质量的“三减两提高”改革。到了2014年，银川市开展行政审批事项“清零”工作，按照梳理上报、审核论证、确定目录、审议公布四个环节，对部门上报的609个行政许可、非许可、部门管理等事项的办理程序、办结时限、收费依据、收费标准等内容进行清空，重新梳理、重新论证、重新确认，共取消事项31项，下放17项，合并254项。随着改革的深入，为了解决传统审批模式下，审批部门较多、审批职能分散、审批效率不高、部门重权益轻服务，重审批轻监管、既审批又监管、以审批代监管，政务服务中心审批窗口基本沦为部门“收发室”和“传达室”等问题，彻底改变过去以部门工作为中心的方式，建立以为居民和企业办事为导向的服务体系，银川市开展了行政审批权相对集中改革，组建行政审批服务局，审批主体由分散变为集中，强化了对审批权力运行的制约和监督，确保了行政权力公开透明运行。

2014 年 11 月 5 日，银川市行政审批服务局正式挂牌成立，按照“先易后难、循序渐进、统一划转、集中审批”的原则，将发改、建设、食药、教育、工信、司法、商务、水务、民防、交通、文广、质监、民政、财政、安监、统计、体育、环保、工商、旅游、城管、卫生、园林、住房保障等 26 个部门承担的 153 项行政审批事项和部门管理事项整体划转到行政审批服务局。2015 年，经权力清单工作梳理调整后，银川市保留行政审批事项 107 项，其中划入行政审批服务局 54 项，仍保留在各职能部门的行政审批事项 53 项。作为市政府工作部门，银川市行政审批服务局设置领导职数为一正四副，纪检组长 1 名，核定人员编制 104 名，内设 12 个处室，分别为综合处（监察室）、运行监管处、政策法规处、网络宣传信息处、安全保障处、投资项目处、市场服务处、文教卫生处、社会事务处、建设交通城管处、环保园林水务处、勘验商服处。同时，银川行政审批服务局成立了市政务服务系统党工委，设党工委书记 1 名，副书记 2 名，其中 1 名兼任纪工委书记，负责市民大厅党建工作。

根据行政审批服务局组建的工作方案，行政审批服务局具体职责主要包括以下的项目：负责规范全市行政审批行为，建立和完善相应工作机制；对行政审批、部门管理及服务事项进行流程再造、环节优化、压缩时限，并对办理情况进行跟踪督办；办理投资项目、市场服务、文教卫生、社会事务、建设交通、环保城管、园林水务、商贸流通等方面的行政审批及相关联的部门管理事项；负责进驻市民大厅的垂管部门、双重管理部门设置的窗口以及进驻的各部门行政审批工作的规范、管理和监督；负责市民大厅综合平台的建设和管理，建立和完善全市政务服务体系；负责全市行政审批政务服务体系信息化建设；指导、监督县（市）区政务服务中心和未划入行政审批服务局的职能部门、滨河新区政务服务分中心、各园区涉企服务中心的行政审批业务工作。

一、改革的主要举措

第一，一局一章管审批。为了解决行政审批部门林立、职权分散而导致的权力碎片化问题，银川市通过“归零式”清理，摸清审批职权“家底”，按照“编随事转，人随事走”的原则，经宁夏回族自治区党委、政府批准，开展相对集中行政审批权改革，将26个市直部门行使的153项行政审批权划转到行政审批服务局实施，把分散的行政许可权力关进行政审批服务局的“笼子”里，统一进行规范、高效、廉洁、透明的运行，审批人员减少了80%，59枚审批公章彻底封存，实现一局一章管审批。

第二，一个大厅办成事。银川市以“规范化、标准化、智能化、人性化、现代化”为目标，将市行政审批服务局、公共资源交易、社会保障、公积金、医疗保险、土地权属、房产交易、出入境管理、人事考试、金凤区政务服务中心等11家单位，市规划、公安、国土、人社等4个部门行政审批处，气象、消防、烟草、车管、车辆税征收、地税社保费征收、公证处、水、电、气等17家单位的窗口，整合进驻市民大厅，企业注册、项目投资、房屋交易、“五险一金”、水电气等500多项审批及公共服务事项在市民大厅多个窗口办理，实现了“推开一扇门，办成一揽子事”。

第三，一个系统提效率。宁夏行政审批服务局与中兴（银川）智慧研究院合作，借助信息化技术，以方便申请人办事为导向，以解决办理环节众多、流转程序烦琐等问题为出发点，开发出了“银川市行政审批服务系统”，从技术层面固化审批流程，定岗、定员、定责、定质，实现了“车间流水线式”的审批运转模式，原来多部门逐个、多层级的串联审批模式被彻底打破，实现了简单事项立项等审批，联办事项一口办理，关联事项一章多效，踏勘验收统一勘验，审批效率平均提速了75%。例如政府投资项目，从核准到取得开工许可证，办理时间从185天缩减到50天以内，社会投资项目缩减到30天以内，企业注册登记由5个部门5个工作日缩减到了1个工作日。政府行政运行中，“多部门审批”“多环节流转”“多头跑路”的互为前置、互为牵制、效率不高的问题得到了有效改善。

第四，一个平台限全程。建立电子监察系统，对审批实施全方位无盲点的监控监察和督察督办。通过行政审批服务系统的电子监察功能，对审批全过程进行同步全程监控，确保审批全流程无违规；利用电子视频监控系统，对窗口工作人员的工作行为、服务态度现场实时监控；设置电子评价器，办事群众现场评价工作人员的服务质量；重点岗位设置双向电脑显示屏，群众可以看到审批操作过程，明明白白办事。实时监控、过程跟踪、预警提醒、投诉反馈、督查督办、绩效评估，确保审批工作规范化阳光透明运行。

第五，一个网站全公开。通过行政审批服务局的官方网站，全面、翔实地公开了审批事项的名称、依据、条件、程序、时限和收费依据标准、资讯监督电话以及办理结果等内容，既对审批事项进行了规范，也对申报要件审查行为进行了规范，既解决了审批许可自由裁量权过大的问题，也保障了申请人应有的权益。审批运作的公开透明，提升了审批人员的服务热情、审批效率，有效杜绝了用权“任性”和以权谋私，增强了社会公众对政府的信心。

第六，一套机制保规范。银川行政审批服务局非常重视制度建设：针对市民大厅的管理，先后制定了《窗口工作人员考勤管理办法》《窗口工作人员行为规范》《绩效考核奖励办法》《电子监察管理办法》等工作制度；针对行政审批行为的规范，建立了《行政审批专用章使用管理制度》《勘验、评审工作制度》《行政审批案卷立卷归档管理办法》等审批工作制度；针对审批与监管的有效衔接，加强与市直、区属部门的联系，先后制定了《银川市行政审批与监管信息共享工作制度》《行政审批档案资料移交工作制度》《政府投资类建设项目审批工作联席会议制度》等制度，形成了行政审批与监管“平行对接、协同推进、上下联动”的双向合力模式。

二、改革取得的效果

经过十余年的发展，银川在行政审批改革方面正探索出一条行之有效的发展之路，尤其是行政审批服务局的组建，在一定程度上解决了审批环节多、时间长、随意性大、公开透明度不够等问题，提高了工作效率和服务水平，取得了很好的效果。①

2016 年 2 月 2 日，国务院总理李克强到银川进行考察，他对银川市行政审批“一个窗口、一枚公章”的改革做法予以肯定。李克强总理强调，要以群众是否满意、市场主体办事是否便利、社会创造力是否得到激发为标准，

① 马建英：《银川市深化行政审批制度改革的实践及路径选择》，《中共银川市委党校学报》2016 年第 4 期。

切实做到简政放权到位、放管结合到位、优化服务到位。具体而言，银川行政审批服务局的改革取得了以下几个方面的成效。

第一，加快了政府职能转变。开展行政审批权相对集中改革，将原有政府各部门的职能重新进行界定，强化了政府宏观战略研究和规划、市场监管、公共服务、环境保护职能，使部门从原来的重审批、轻监管向重监管、抓服务转变，改变了过去既当运动员又当裁判员的管理模式，推动政府职能向创造良好发展环境、提供优质公共服务、维护社会公平正义转变，进一步激发了市场、社会的创造活力，切实提高了政府管理科学化水平，打造了人民满意的服务型政府。

第二，促进市场主体投资便利化。实施行政审批权相对集中改革后，申报材料齐全，企业注册登记 1 个工作日内即可取得营业执照、机构代码证、税务登记证和公章，快的仅需要 1 个小时；160 余项具体审批事项实现即办，大大减少了企业投资的审批时限和环节。更重要的是，将多家审批变为一家受理、一站式办理，市场的创业活力进一步提升，行政成本和企业支出大大降低，促进了行政效率和服务水平提升，增强了市场主体活力和内生动力，有利于打造中阿交流和向西开放的政策洼地，吸引更多企业和个人投资兴业。

第三，节约了社会资源。行政审批服务局成立后，一局一章管审批，大大减少了财政刚性支出。新的行政审批机制和现代信息技术的结合，集中受理、集中审批、集中服务模式的实施，不仅有效提高了工作效率、降低了社会成本，社会资源得到高效利用，而且为群众和企业提供了方便快捷人性化服务。

三、思考和启示

党的十八大以来，简政放权、推进政府职能转变成为中国全面深化改革的关键。其中，行政审批制度改革则成为政府管理体制改革的重要抓手，改革力度前所未有，改革成效也迅速彰显。在地方各级政府普遍建设和完善各类行政服务中心的基础上，设立专门的行政审批局，推动行政审批工作从程序集中走向实体集中，成为目前行政审批改革的最新创新举措。[1] 对于行政

---

① 贾义猛：《优势与限度：“行政审批局”改革模式论析》，《新视野》2015 年第 5 期。

审批权的相对集中，我国《行政许可法》第25条规定，“经国务院批准，省、自治区、直辖市人民政府根据精简、统一、效能的原则，可以决定一个行政机关行使有关行政机关的行政许可权”。在法律的授权之下，各地其实很早就开始了探索。2008年12月，四川省成都市武侯区在全国率先成立行政审批局，2014年5月，天津市滨海新区作为国家级综合改革试验区和直辖市下辖的超大型市辖区，也筹建了行政审批局。随后，宁夏回族自治区银川市，湖北省鄂州市的葛店开发区、襄阳市高新区、襄阳市政府、武汉市东湖高新区与武汉开发区，广西壮族自治区南宁市经济技术开发区，山东省青岛市经济技术开发区和辽宁省沈阳市沈阳新区等地都陆续成立了行政审批局。中央政府对于各地的行政审批局试点采取鼓励和支持态度，并顺势启动了相对集中行政许可权改革的多地试点工作。2015年3月，中编办和国务院法制办印发了《相对集中行政许可权试点工作方案》的通知，将天津市、河北省、山西省、江苏省、浙江省、广东省、四川省、贵州省等8个省（市）列入试点，同时，南通市、盱眙县、大丰市和苏州工业园区被确定为国家级试点地区。2016年，《中编办　国务院法制办关于印发〈进一步做好相对集中行政许可权改革试点工作〉的通知》，进一步推进简政放权、放管结合、优化服务改革，进一步深化相对集中行政许可权改革试点。至此，国家的相对集中行政许可权改革全面铺开。

各地进行的相对集中行政许可权改革取得了巨大成效，但是同时，还有不少体制机制上的问题需要进一步探讨，以求找到更好的办法。

第一，行政审批权的横向配置。成立行政审批局、相对集中行政许可权，主要是对于行政审批权进行的横向上的重新配置，即将分散的行政审批职能整合到一个统一机构来行使。然而，实践中存在两个突出问题：其一，原审批机关还留有行政审批权，那么到底哪些审批权转移到行政审批局，哪些审批权由原审批机关保留呢？银川的行政审批服务局已经暴露出这样的问题，相关厅局没有充分考虑到基层实际，只放复杂的、要承担重大责任的，把简单操作、权力含金量高、权力特征体现明显的留在手中，下放的审批事项对审批人员专业技术、专业背景、设施设备、人员力量的要求高，审批局继续大量承接下放审批事项面临很大压力。[①] 其二，有许多虽然不在行政审批事项目录中，但办起来与审批没有任何区别的行政职权事项，包括登记、备案、审定、年检、认证、监制、检查、鉴定等，这些事项是否划转，目前的认识并不统一。[②] 解决行政审批权的横向配置问题需要核定各个部门的行政审批事项清单，进一步明确行政审批局与其他具有行政审批权的机关之间的职权划分，同时创新行政审批权相对集中的方式，做到“相对集中”与“专业分工”并举。[③]

第二，行政审批权的纵向配置。我国地方政府各部门是“条块结合”的管理体制，一方面由上级部门管理，另一方面由同级政府管理。行政审批局的设立在一定程度上打乱了这种管理体制，但是，作为一级政府的机构变革，新的改革经常受制于上下级政府固有机构模式的制约，导致工作乏力。银川市行政审批服务局在运行过程中暴露出来这些问题：没有“职责同构”格局下相对应的上级主管部门，需要沟通协调时，行政审批局就要与 26 个自治区的职能部门进行沟通，同时需要应对来自多个上级部门的大量业务指导、政策学习、目标考核等对接工作，这不仅增加了协调的难度，而且影响工作效率。对于这一行政审批权的纵向配置问题，破局可能需要政府管理体制深层次的调整，在一定程度上缓解这个问题的办法是在市、区、县及开发区等各类功能区行政系统内配置行政审批权。因为基层政府的许可事项一般数量少、相对简单、专业性程度不高、较易实现权限集中，而更高层次的政府管理部门多，许可事项差异也大，建立统一行使集中许可机关就未必可行。[④]

第三，行政审批权的“纵深”配置。行政审批权的“纵深”配置主要是指对于行政审批和行政监管之间的关系，在行政审批权相对集中改革之后，二者关系的协调是一个非常重要的问题。现代政府治理理念必须匹配“重监管、轻审批”的行政模式，然而行政审批局的设立，并没能很好地改善这个问题。多地行政审批局的设立都提到“行政审批局对审批行为的后果承担法

---

① 参见《银川市行政审批服务局关于 2015 年全面深化改革任务进展情况自查报告》，银川市人民政府网站，http://www.yinchuan.gov.cn/xxgk/bmxxgkml/sxzspfwj/xxgkml_2673/zdgz_2684/201607/t20160729_131675.html。

② 郭晓光：《成立相对集中审批权的行政审批局之思考》，《中国行政管理》2014 年第 8 期。

③ 贾义猛：《优势与限度：“行政审批局”改革模式论析》，《新视野》2015 年第 5 期。

④ 王敬波：《相对集中行政许可权：行政权力横向配置的试验场》，《政法论坛》2013 年第 1 期。

律责任”，但是对于审批监管应承担什么样的责任以及二者之间的责任如何划分却没有明确规定。解决行政审批权集中之后“对审批迷恋、对监管迷茫”的问题，必须解决好行政审批权的“纵深”配置，做好审批与监管的有效衔接。进而基于市场经济发展规律重新审视政府行政管理体系结构、体制机制，按照服务型政府的价值标准和职能规格，重塑以政府现代治理体系和治理能力为支撑的政府与市场的新型关系。①

附录二：浙江台州市调研报告

党的十八届三中全会提出，“全面正确履行政府职能。进一步简政放权，深化行政审批制度改革，最大限度减少中央政府对微观事务的管理，市场机制能有效调节的经济活动，一律取消审批，对保留的行政审批事项要规范管理、提高效率；直接面向基层、量大面广、由地方管理更方便有效的经济社会事项，一律下放地方和基层管理”。新一届中央政府成立以来将职能转变与简政放权有机结合，为进一步激发市场活力，转变政府职能，深化审批制度改革成为我国新一轮政府改革的“突破口”。到 2015 年初已经提前实现了 1700 多项审批权减少 1/3 的目标。事实上，以精简审批事项、规范审批流程为主要内容的行政审批制度改革从 2001 年开始就已经全面展开，国务院先后多次取消和调整行政审批项目。虽然 20 余年的改革取得了显著成效，但改革距离公众期待和简政放权的目标仍有较大差距。如果说 1.0 版本的改革是围绕审批事项的取消、下放和调整，那 2.0 版本的改革应该着力突破体制层面的诸多瓶颈，特别是改变当前行政审批制度离散割据的碎片化状态，实现审批模式整体化转型。

纵观 20 余年的改革实践，在中央的密集政策和强力推动下，全国各地普遍开展了以清理下放审批事项、编制权力清单、转移政府职能等为重点内容的审批制度改革。但是，区别于简单的齐步走，不少地方在执行中央政策的

---

① 石亚军、卜令全：《将部门利益止于改革——以银川市审批局行政审批改革实践为例》，《行政法学研究》2019 年第 2 期。

同时，更推出了富有地方特色和探索意义的创新举措，顺德模式、东莞模式、杭州模式、宁波模式等创新典型在为深化改革试水探路。[①] 在这些地方政府的探索中，浙江省台州市的行政审批制度改革独树一帜，取得了显著成效，具有样本意义。

作为沿海改革开放的前沿地区，台州经济的腾飞，离不开改革创新，其中，行政审批制度改革是当务之急。一直以来，台州市坚持将行政审批制度改革视为政府自我革命的“牛鼻子”，以“审批速度最快，服务效能最优”为目标，深入开展“五张清单一张网”建设，全面建立完善市、县、乡、村四级行政便民服务体系，商事登记制度改革、政府和企业投资项目联合审批、中介机构服务管理、网上审批、行政审批标准化建设等多项工作都走在浙江省乃至全国前列，许多实践经验值得各地借鉴和推广。

一、改革的主要举措

（一）取消审批事项、减少审批材料

取消审批事项、减少审批材料是深化行政审批制度改革的核心做法，台州市主要从以下三个方面来推进该项工作。

一是减少审批事项。台州市全面推行投资项目涉及的文物保护、水土保持、地质灾害危险性评估、矿产压覆证明、地震安全性评价、占用水域等事项“化零为整”审批，由园区以虚拟业主身份在土地出让前统一编制报告、统一审批、统一办理。项目业主通过“招拍挂”取得土地使用权并缴纳相关税费后，直接承受虚拟业主先期办理的审批结果，不再单独办理前置审批事项，实现经济成本和时间成本双减少。如临海市的台州市世达汽车部件有限公司入驻园区后，因土地出让前统一办理了前置审批事项，无须编制水土保持方案，节约资金约 13 万元。

二是减少前置条件。人防审批、施工图设计审查、民用建筑节能审查、

---

① 张弦：《地方创新的策略差异与选择逻辑——以中国新一轮审批制度改革为例》，《中国行政管理》2015 年第 9 期。

防雷装置设计审核等四项前置条件，由原先建设工程规划许可证前办理调整到建筑工程施工许可证前办理；环评审批、水保审批、固定资产节能审查由原先建设工程规划许可证前办理调整到可与建筑工程施工许可证同步办理，建设规划部门在此期间办理建设工程规划许可证时，均以函的形式抄告相关审批部门。以仙居县为例，该县通过“二次提速”，共调整 114 项房建类审批前置材料，只保留 61 项，精简率达 46.5%。

三是减少审批材料。开展证明盖章清理，合并或取消重复提供、反复提供和无法提供（如互为前置）的审批材料。

（二）推进行政审批服务标准化

台州市行政审批标准化工作受到了上级机关的关注和认可，被列入 2016 年第一批浙江省级和第三批国家级社会管理和公共服务综合标准化试点。以此为契机，台州市出台了《台州市行政审批服务标准化试点工作方案》，重点突出了标准化工作与审批制度改革共同推进的特点，确保按期完成宣传启动、体系建设、组织实施、总结验收四个阶段创建工作。工作方案结合台州市民营经济发展特色，围绕企业的准入、运行、发展、退出和公民从生育准备及婴幼年期阶段、青少年期阶段、成年期阶段到老年期阶段不同时期的需求梳理两个全生命周期事项。梳理出企业全生命周期审批服务事项 261 项，包含台州市主导产业、民营经济行业、内资行业、小微企业等。梳理出公民全生命周期审批服务事项 124 项，包含自然人日常生活需求的主要事项。同时，在第一产业、第二产业、第三产业领域梳理出符合台州市市场需求和产业导向的跨部门审批事项，即联办件标准体系事项 49 项。

台州市通过五步工作法具体推进行政审批服务标准化试点工作。第一步是办事体验，创新性地实行“窗口工作日”制度，领导班子和中层以上干部每个月到窗口坐班，体验办事，真正发现难点、堵点。第二步是基于信息化的流程再造，不断减环节、减前置、减流程、减时间。第三步是第三方论证，邀请专家、部门、市民代表对优化的流程进行再论证、再修改。第四步是形成标准，目前形成通用基础标准分体系 10 项、服务提供标准分体系 472 项、管理标准分体系 36 项，岗位标准分体系 65 项。其中，《行政审批中介服务评价标准》和《基层便民服务中心代办服务规范》被确定为台州市地方标准规范。第五步是运用改进，目前已对餐饮、汽车美容等 8 个行业推行“一窗受理”，审批材料优化减少 35%，全流程打包时间优化减少 51%，跑腿次数优化减少 84%。如原先办个体餐饮，要跑 9 个部门，填 24 份表格，提交 43 种材料，现在只需跑一个综合窗口，原来需要重复提交 9 次的身份证和营业执照现在只需提交一次，真正实现了审批提速提效。

台州市以标准化工作为抓手，将单点的审改成果串点成线，整体推进审改工作，逐步实现政务服务事项就近能办、同城通办、异地可办，解决企业和群众办证多、办事难问题，真正让企业和群众有获得感。

（三）拓展“互联网+”审批服务平台

为进一步解决办事难、办事繁问题，台州市从探索“互联网+政务服务”入手，依托浙江政务服务网，大力推动网上申报、在线服务工作，推行网上申请、在线服务、快递送达，开通移动端受理网上预申报审批服务，让群众真正享受到“指尖上的审批速度”。台州市的具体做法如下：

第一，强化网上审批督查。制定网上行政审批工作考核目标，强化网上行政审批服务的事项纳入率和办理率。当前台州市本级涉及有行政许可审批事项的部门共 41 个，其中已接入政务服务网的有 39 个，接入率达 95%。截至 2017 年 3 月中旬，台州市级行政权力运行系统总办件量达 475674 件。纳入浙江省电子监察系统 459 项许可事项，其中四星、五星级办事项目 174 项。

第二，拓展网上审批服务平台功能。充分发挥“互联网+政务服务”作用，整合审批服务资源，逐步增强行政服务中心实体新大厅、投资项目审批中介服务中心实体大厅与网上平台服务联动审批服务机制。利用排队叫号（系统）加强办事大厅服务管理；利用门户网站拓展中心政务信息公开和网上办事申报；利用 LED 显示屏拓展中心窗口人员查询、办事指南、政务公开查询线上线下互动；拓展中心门户网站信息微信共享，与政务服务网的统一注册认证、办事指南、网上审批、咨询投诉等智慧服务功能。打造智慧审批政务服务，积极推进行政服务中心在智慧政务服务、智慧在线平台、智慧数据分析系统等方面的建设。

第三，推进移动端服务建设试点。2016 年 3 月份开始推进台州网上政务服务大厅移动端建设，按浙江政务服务网统一认证标准的建设模式，将浙江政务服务网权力运行系统事项网上受理应用向移动端接入应用，推动网上一站式服务审批全流程应用。台州移动客户端App（应用程序）于2016年7月开始上线运行，首批开通37个办事频率较高的权力事项在移动端运行。个人和法人通过浙江政务服务网统一认证登录台州政务服务App，可以使用网上审批资料预申报、办事窗口预审核、网上快速审批、短信通知、快递送达服务等便捷服务功能，实现足不出户、动动指尖即可体验应用各类办事政务服务。

（四）推进投资项目高效审批

为了推进投资项目高效审批，台州市在六大分类审批快速模板的基础上重点开展联办件分类审批改革，印发了《台州市新建企业投资项目联合审批全流程打包制操作细则》《台州市企业投资项目50天高效审批实施方案（试行)》等文件，以创新审批方式为重点，推进分类改革、分类审批、分类监管。按照“试点先行、分步推进”的原则，在路桥区开展“五小行业”证照分离分类审批改革试点，目前共梳理确定了17个事项，通过取消一批、备案一批、承诺一批、公开一批、强化一批等方式，进一步优化商事登记证办理流程，加强事中事后监管和协同监管。在温岭市和天台县开展投资项目分类审批改革试点，根据行业特点和风险等级，细分固化并联审批方式，建立统一规范、快速高效的分类审批模式。先后在富岭塑胶、利欧集团两个项目试点打通14天高效审批通道，大大降低了企业制度性交易成本。在推进投资项目高效审批的过程中，主要有以下几个方面的具体举措。

第一，强化联合服务。开展联合审批服务，集合代办中心、审批部门、园区委员会等单位力量，分阶段实行联合会审、联合告知、联合图审、联合测量、联合竣工验收，确保各审批程序同步推进，大大减少企业跑腿次数。如黄岩区4家入园企业跑部门最少的仅跑6次，相比实行联合审批制度之前减少20余次，效率提高70%。

第二，强化代办服务。运用“一个代理项目、一个代办员、一套方案、一个联系领导、一办到底”的“五个一”机制，该市本级和九个县（市、区）均建立了投资项目代理代办队伍，全面推进投资项目全程代理代办制度，无偿帮办立项、施工许可证、竣工验收等相关审批手续，“保姆式”服务助力企业早开工早投产。截至目前，全市共代办投资项目 435 个，总金额达 404.83 亿元，项目审批时间缩短 60%以上，受到企业充分肯定。如温岭市创新组建“审批手续包办、审批规费包干”的“两包”专业小组，企业只需 1 次申报、1 次缴费、1 次提交材料即可全程代办项目审批。

第三，前移窗口服务。建立园区项目联系人制度，在部分重点园区设立综合窗口，将投资项目全流程审批相关审批环节前移到综合窗口受理，变“来回跑”为“直线跑”，变“多地提交”为“一窗受理”。如黄岩区为助力模具智能小镇企业实现早入园、早投产、早成规模，将综合受理窗口前移至小镇所在街道便民服务中心，直线距离仅 3 千米，把投资项目全流程审批相关环节前移到综合窗口受理，目前模具智能小镇已有 4 家企业办结各类手续并成功入园，总用地面积约 7.7 万平方米，建筑面积 11 万平方米，完成投资额达 5.55 亿元。

目前，台州市一般新建企业投资项目全流程审批制度时间为 56 天，模拟制审批项目 34 天，“零土地”项目 30 天，“二次提速”后审批时间分别下降 37.78%、20%、64.71%。台州市投资项目高效审批改革已初见成效。

（五）多措并举，实现 OTO 中介服务监管模式

在行政审批过程中，中介服务至关重要，针对之前中介服务环节用时长、效率低的情形，台州市从四个方面着手，破除中介服务难题。

第一，放开中介市场。针对中介市场还不够开放，中介市场活跃度还不够高，竞争不够充分等问题，台州市政府专门下发文件，放开限制，所有的台州市涉及投资项目的中介一律放开，实行“一地备案，全市共享”机制。目前，全市网上备案的中介机构达 616 家，其中外地中介 387 家，占比 63%，实现充分竞争。同时，成立中介机构行业协会，制定《行业协会章程》和《会员自律公约》，强化行业自律。

第二，建好网上网下两个市场。网上，台州市行政审批中介服务网网上中介交易平台汇集全市执业的审批中介机构的信息数据，涉及 18 个行业主管部门、34 类行业，可实现网上备案、部门审核、需求发布、网上竞价等功

能，成为网上中介“淘宝网”，网上成交率达73%。网下，台州市县两级共建立9个中介服务中心，入驻中介机构158家，实行服务承诺制、服务公示制、一次性告知制、合同管理制、依规收费制和服务记录制等制度，为项目申请人提供中介信息、业务咨询、技术指导等“一站式”服务。台州市本级1200平方米中介服务平台于2015年10月8日启用，目前入驻了30家中介。进入平台的中介首先降低收费30%，在此标准基础上由企业和项目再进行协商。截至2016年10月底，有657个项目在中介实体平台上成交，成交金额达481.07万元。

第三，加强中介监管。台州市建立了信用联合奖惩机制实现对中介市场全方位监管，通过信用等级综合评定、“黑名单”制度、退出机制等约束中介服务行为。将中介信用建设纳入全市社会信用体系建设，出台《台州市行政审批中介机构服务评价暂行办法（试行）》和主管部门配套制度，由主管部门、行政服务中心和中介协会、业主四方依据中介机构承办项目的服务质量、服务态度、服务收费和服务时间等情况进行综合测评，确定中介信用星级，并向社会公开考核结果。强化信用结果运用，对一星级以下（含一星）中介机构，相关职能部门实施重点监管，跟踪检查问题整改，并在参与政府性投资项目时从严把关；对考核连续两年末位的中介机构不得评定星级，将考评不合格及有其他违法违规经营行为的中介机构纳入黑名单。（2016年公布了2015年度台州市本级145家审批中介机构的星级评定结果，其中120家被评为三星，25家被评为二星。）

第四，实行中介服务打包制。针对中介服务涉及的报告制作、评审会审、审批三个环节，台州市重点推出中介全流程打包制，将中介机构完成文本制作、专家评审、部门会审、听证以及业主正常的材料补正时间全部纳入部门的监管范围，与部门工作进行捆绑考核，有效杜绝责任不清、相互推诿和反复修改的部门监管缺位现象发生。其基本程序是：业主与中介机构协商好后，将中介服务合同报主管部门备案，主管部门对中介文本制订进行全过程指导和监督，及时沟通解决存在的问题。通过这个机制，倒逼审批部门主动服务，保证中介文本出具高效、保质，减少一个文本制作出来后又反复修改等现象的发生。

二、思考和启示

强化改革的顶层设计。作为本届政府确定的“重头戏”和“先手棋”，行政审批制度改革在全国各地不断推进，但是由于各地的改革方案缺乏有效统筹，影响了整体推进。比如：行政审批制度改革内容定位存在较大差异，地方政府改革方案系统性与操作性不强；行政审批权力的内涵与外延缺乏统一的权威规范；地方行政审批制度改革的实施较为松散；改革缺乏统一、有效改革激励引导机制和问责约束规范机制；等等。以简政放权为旨归的行政审批制度改革是当前政府职能转变的重要内容之一，而转变政府职能是深化行政体制改革的核心，这涉及如何处理政府和市场的关系，使市场在资源配置中起决定性作用和更好发挥政府作用，这对于实现国家治理体系和治理能力现代化具有十分重要的现实意义。因此，必须强化行政审批制度改革顶层设计，通过顶层设计来有序推进改革。要制定科学合理、全国统一的地方政府行政审批制度改革实施方案，构建有效的政策激励引导机制和问责约束规范机制，形成改革进程必要的制度保障。

提升改革的合法性基础。台州市新一轮行政审批制度改革符合国家全面深化改革、推进简政放权的战略方向，并就此作了积极有益的探索，成效显著。然而，就我国现有的法律体系来看，行政审批制度改革中的有些做法仍然存在某些不尽完善之处，比如：审批事项清理不彻底，有些部门的行政审批事项表面上大幅减少，但实际上是把相当部分的应当取消的权力转化为可以直接与行政相对人发生关系的、自行非法设定的指导、监督、检查等权力；行政审批设定管理不严，关注审批事项的存量而忽略增量，一些部门违法新设行政审批事项的情形时有发生，随意性非常大；一些部门权力过于集中，尽管削减下放了不少审批权限，但审批程序烦琐、效率低下、管理不规范、随意性比较大等问题仍然存在，特别是权责不一致的问题突出，审批权力缺乏有效监督；等等。诸如此类的问题都涉及行政审批的法治以及基本的体制问题，而要解决这些问题，必须从国家或省级层面进一步细化操作细则，完善相应的法律法规，提升全面深化行政审批制度改革的合法性基础。未来可能需要细化甚至修改《行政许可法》，实现行政审批项目的标准化和规范化。

附录三：广西河池市调研报告

河池市位于广西壮族自治区的西北边陲、云贵高原南缘，拥有丰富的金属和水电资源。河池市既是我国西南出海大通道的要塞，亦是南贵昆经济区、泛珠三角经济圈、东盟自由贸易区的枢纽；既是著名的革命老区，亦是少数民族占总人口85.3%的多民族聚居地区。这样特殊的地理位置和经济、政治、社会特点也使得河池市的行政审批制度改革显得尤为重要。

2013年，在中央政策文件的指导下，河池市开始积极推进本市的行政审批制度改革。除了在中央和自治区的统一部署下制定了相应文件、建立了配套制度之外，河池市也一直在着力探索适合当地的行政审批制度改革思路，以实现改革顶层设计与具体方案之间的相互衔接和配合。为了全面有效地推进行政审批制度改革，河池市先后出台了《河池市深化行政审批制度改革实施方案》和一系列的配套实施文件，为本市改革提供科学的指导依据。

河池市的行政审批制度改革重在推动从管理向服务的政府职能转变，其突出特点是将减权、放权、优权科学匹配，将整体部署、责任分工、部门联动、减权放权、监督检查、反馈评价等环节有效衔接，将“互联网+”技术手段与改革方式创新高度融合，以责任、规范、高效等作为对行政审批机构和工作人员的基本要求，使改革真正为企业和社会公众减负并带来实惠。

一、改革的主要举措

河池市在行政审批制度改革过程中采取了一系列措施，实质上形成了从责任分工、组织协调到具体实施、再到监督管理的完整链条，实现了行政审批制度改革中各环节的无缝接轨，从而有力推动了改革进程。

（一）以责任划分助力制度改革

第一，落实行政部门的“首办责任”。河池市在改革过程中成立了行政审批制度改革领导小组，并制定了各专项工作组的工作规则，进一步明确各成员单位的责任分工。此外，为了强化各部门的责任，河池市提出要落实牵头部门的“首办责任”，对于需要办理的审批事项，从申请材料的受理、审核，到审批结果的回复、送达等，全程由牵头部门负责跟踪、协调和督办，承担首办责任。

第二，明晰办事人员的“首问责任”。为了真正将责任落实到各行政人员，河池市规定，行政服务大厅各窗口工作人员均为首问责任人。对属于自己窗口承办的事项，必须一次性向办事人员书面告知办理依据、实现程序、所需材料、相关手续等全部内容，必要时应当提供有关资料、表格、收费标准及依据等；对不属于自己窗口职责范围内的事项，应当向办事人员说明理由，告知该事项的具体负责部门和联系方式，并尽可能给予指导和协助。此外，河池市还提出通过实行窗口部门领导坐班制度，严格夯实各行政人员的工作责任。

（二）以部门联动形成改革合力

第一，强化行政审批队伍建设。为提高行政审批人员的基本素质和业务水平，河池市提出要加强政务服务大厅窗口的进驻人员队伍建设，由窗口部门会同政务服务管理部门选配进驻窗口的首席代表和工作人员。窗口首席代表须由科级以上干部担任。窗口工作人员的年度考核由政务服务管理部门统一组织，优秀指标可高于市直机关 5%，其工作期间的提拔任用须征求政务服务管理部门意见。对于特别优秀的窗口工作人员，政务服务管理部门可以向所在单位或组织人事部门提出奖励、任用建议。

第二，建立完善部门联动机制。为加强不同部门之间的沟通和合作，河池市建立了推进职能转变协调小组联席会议制度、联络员制度等，通过完善各项制度和组织不同形式的会议来促进各个部门、单位之间的统筹协调，在各部门的沟通配合中形成改革合力。自 2013 年以来，全市共召开行政审批制度改革领导小组会议、推进职能转变协调小组会议、联席会议 52 次，审议、协调解决涉及面上的重大改革问题 125 个，保障了行政审批制度改革各项工作的扎实推进。此外，河池市还建立了全市“先照后证”事中事后监管联席会议制度，通过部门联动来强化对商事制度改革工作的指导和监督。

（三）以减权、放权、优权加快职能转变

在改革过程中，河池市减权、放权、优权多措并举，进一步强化了政府的服务职能，加快了政府职能从管理为主向服务为主的转变。

第一，减权。河池市通过大力清理行政审批事项来实现“政府瘦身”。2013 年以来，河池市共取消下放行政审批事项 181 项，整合 23 项投资项目，报建审批事项为 8 项，涉及安全的 5 项强制性评估不再列入行政审批事项，清理规范后的投资项目报建审批事项从 58 项减少到 38 项。全市行政审批项目精简率达到 37.28%，其中市本级调整管理方式 176 项，保留行政许可事项 168 项，不再保留非行政许可审批事项。

第二，放权。河池市通过权力下放基层以转变政府职能，打通权力的“最后一公里”。在改革过程中，河池市将直接面向基层、法律规范准予县级政府实施的大量经济社会管理事项全部下放县级部门，将适合乡镇承担、由乡镇管理更为方便有效的经济社会管理事项下放到乡镇实施。2013 年以来，通过直接下放基层办理或委托基层办理的方式，共有 32 项行政审批事项从市级下放到县级部门，23 项行政审批事项从各县（市、区）下放到乡镇。

第三，优权。河池市通过行政审批流程再造，进一步简化审批手续，缩短审批时限，优化办事流程。对于全市的保留审批事项，在前置审批条件、审批流程、办事时限、申请材料、收费标准等方面进行修整和完善，共优化了 1036 个行政审批流程，简化了 551 种申请材料，减少了 226 个办事环节，行政审批事项的办事时限比法定时限缩短了 50%以上。此外，河池市还对工商登记的前置审批事项进行了大力削减，积极推进“先照后证、六证合一”，将 143 个企业登记的前置审批事项改为后置审批，营业执照由原来的 15 个版本 15 种格式统一为 1 种版本 8 种格式。2016 年 10 月以来，全市共发放“六证合一、一照一码”营业执照 1817 户，注册资金 80.40 亿元。

（四）以强化监管促进审批规范

第一，加强对行政审批机关和工作人员的监督。针对改革过程中出现的“甩包袱”“丢担子”现象，河池市提出要进一步强化问责机制，将规范和改进行政审批行为、切实提高审批效率纳入年度绩效考评考核内容。首先，加

强政府的直接监管。河池市要求政务服务管理部门制定有关监督进驻审批事项的具体细则，通过完善网上举报投诉系统，健全行政审批网上投诉受理、处理和结果公开制度。对于超时限办理的事项达10%以上的，由承办部门主要负责人向市人民政府写出书面检查；超时限办理事项达30%以上的，向社会公开检查。其次，充分发挥群众监督的力量。通过开展第三方行政审批服务群众满意度测评以及完善电话服务质量回访制度等，广泛征求群众的建议和意见，并将评议结果定期通报。最后，加大对违法违规行为的惩治力度。对于行政审批机关及其工作人员的违规行为，依据《河池市人民政府办公室关于印发河池市行政审批监督管理办法（试行）的通知》严肃追究责任；对其他违反机关作风和效能建设规定行为的，依据《河池市干部执行力提升工程责任追究办法》规定进行严厉惩治。

第二，加强对中介服务的监管。首先，建立规范管理中介服务机构制度。要求各部门加强对中介服务机构的指导和监督，督促中介机构建立服务承诺、限时办结、执业公示、一次性告知、执业诚信记录等制度，全面规范执业行为。其次，通过建立奖优罚劣制度提供正负双重激励，由审批部门将有不良行为的中介服务机构列入黑名单并予以公告，禁止其在河池市内开展业务，并报上级主管部门备案。再次，实行中介服务清单化管理。对于清理规范后保留为行政审批受理条件的中介服务事项，编制相应的中介服务目录清单并予以公布，明确项目名称、设置依据、服务时限、收费标准等要素，凡是没有列入目录清单的一律不得实施。最后，开放中介服务市场。依法取消市级部门自行设定的区域执业限制条件，不得以备案等理由限制外地中介机构到河池市开展业务，凡是国务院明确取消的中介执业证件一律予以取消，通过取消市场准入的相关限制，大力引进中介机构公平参与市场竞争，进一步开放市场、激发市场活力。

二、改革的经验总结

在具体的行政审批事项上，河池市主要采取了“一个窗口”受理、推行“并联审批”、实施“容缺预审”、设置“绿色通道”、建立“收费清单”、引入“互联网+”等创新举措，通过创新行政审批方式，优化行政审批办事流程，为企业和社会公众提供更加高效、便捷的服务，同时也为改革提供了有益经验。

（一）“一个窗口”受理

2013年以来，河池市通过在全市范围内建立政务服务中心，推进行政审批“三集中”（审批机构和审批职能、审批事项、审批人员集中进入政务服务中心），按照“应进必进”要求，实行“一个窗口”受理，为群众提供“一站式”行政审批服务，在推进政务体系优化完善的同时，也提升了群众对于行政审批服务的满意度。目前，全市11个县（市、区）人民政府均已建立政务服务中心，100％的乡镇（街道）和94％以上的村（社区）也已建立政务服务中心。2016年，全市各级政务服务中心共受理各类审批事项464737件，办结463682件；按时办结率达到100％，群众评议率88.5％，满意率达到99.8％。其中，市政务服务中心共受理各类审批事项151176件，办结150679件；按时办结率100％，群众评议率95.1％，满意率达到99.9％。由此可见，“一个窗口”受理的做法有助于行政审批流程的简化和优化，真正方便了群众办事，在提高群众满意度的同时也有助于提升政府的公信力。

（二）推行“并联审批”

在河池市改革推进的过程中，有一些行政审批项目并没有真正得到削减，其办理流程也没有得到实质性的调整，一些项目的审批过程仍然十分复杂，办结时间仍然十分漫长。更有一些行政部门之间的审批事项互为前置条件，从而使各个部门“九龙治水”、部门之间“踢皮球”的情况屡见不鲜。针对这样的现象，对于涉及两个以上部门的重要审批事项，河池市实行了“主办牵头、转递相关、同步启动、限时办结”的并联审批方式，通过建设项目联合审批平台，建立并联审批联席会议和项目联合审批调度制度，消除互为前置的行政审批事项。此外，按照缺席默认和超时默认的原则，对无故缺席联审会议或未发表意见的部门，均视为同意联审意见。并联审批制度有利于不同部门之间形成更好的协调和配合，同时也有助于理顺不同部门之间的职能职责关系，化解原先行政审批过程中的矛盾。

（三）实施“容缺预审”

许多地方政府的行政审批制度改革中常常容易出现一种“两难困境”，致使行政审批的高效性与规范性难以统一：如果所有的行政审批事项都完全依据现有的法律规范来进行，那么很可能陷入审批事项仍然烦琐、审批时间过长的往复循环；如果为了提高审批效率，对一些审批事项采用“先上车后补票”的方式进行办理，那么又很可能违反法定程序，导致责任缺失，因此这种做法也常常受到诟病。针对这类问题，河池市政府制定了《河池市投资项目容缺预审操作规程（试行）》，对实施“容缺预审”作出相关规定。根据该文件，对于基本审批条件具备、申报材料主件齐全，且符合“容缺预审”适用范围、审批条件、法定要求的审批项目，尽管部分申报材料暂缺，但相关审批部门行政许可窗口可以先行受理和审查，实行审批材料边办边补。一旦各前置审批部门出具了同意项目实施的“容缺预审”公文办理单，则可视为前置条件具备，该书面文件可作为下一部门办理的依据。若申请人在60日内补齐补正相应材料，则各审批部门依据法定程序进行正式批准；若申请人未在规定时间内补齐补正材料，则审批部门有权作废预审意见。

（四）设置“绿色通道”

为了更加有效地推进一些影响较大、时间要求紧迫的自治区级、市级层面统筹推进重要项目，以及市政府明确推进的其他重点项目，河池市针对这些项目建立了“绿色通道”审批事项目录。由发改部门（市重大项目办）按照“急事急办、特事特办”的原则，根据具体项目性质、特点和规模提请开通“绿色通道”。由负责或者联系本项目的市领导组织相关部门召开协调会议，提出审批流程、审批时限、审批材料等具体意见，解决审批难题，并形成会议纪要。各审批部门根据会议纪要严格执行、限时办结、主动服务、提前介入，为项目申请人提供专业化指导，帮助其完善各类报批材料。市重大项目办负责跟踪协调项目推进，对于超过承诺时限未办结的，由市重大项目办下达督办函，责成加快审批，以确保项目如期开工。市政务服务办则负责协助市重大项目办全程跟踪项目审批情况，协调处理相关问题。

（五）建立"收费清单"

为了减轻企业负担、为企业提供更多的便利条件，河池市建立了一系列行政审批事项的收费目录清单，包括《河池市政府定价的涉企行政审批前置经营服务收费目录清单》《河池市政府定价的涉企经营服务收费目录清单》《河池市政府定价经营服务性收费目录清单》《河池市行政事业性收费目录清单》等，并公布在市政府的信息公开平台、市政府网站和收费场所等显著位置，进一步规范了涉及50个单位（企业）1887个收费项目。此外，河池市还积极落实降低工商业销售电价、免收新增电力用户临时接电费用，全面停征价格调节基金政策等价费优惠政策。今年以来，全市共减轻企业负担1.0855亿元，惠及企业867家。河池市通过建立规范各类收费项目，提供相关优惠政策，真正实现了为企业"减负"，有助于进一步激发市场活力、激活社会创造力。

（六）引入"互联网+"

第一，通过网上系统申报审批。河池市依托自治区税务网上办税服务厅、食品药品监督监管平台、工商行政管理网上业务系统等，推进网上办事和审批。目前，市国税、地税窗口已经实现了单位和个体工商户通过网上税务局申报每月税款、企业所得税汇算清缴、报送涉税资料等。市食品药品监管局窗口全面推行了行政许可网上审批业务，食品生产许可证、食品经营许可证、药品经营许可证、医疗器械经营许可证等9个事项的业务均可完成网上申报和办理。此外，河池市还为商事登记注册的申请者提供了网络申报、办证平台，并探索推行电子营业执照，为申请者提供更加高效的服务，同时通过设立公共电子邮箱、定期公布商事登记注册信息等实现部门之间的信息共享。

第二，实施网络平台监督管理。"互联网+"不仅能够有效提升行政审批的效率，还能通过与政务监督相结合，有力破解监管难题。在改革中，河池市共搭建晒权平台、一次性告知平台、监督平台三个"互联网+"平台，实现了政府权责清单和行政审批监管后台数据共享。此外，为群众和企业提供便捷的一次性告知、信息共享、短信反馈评价等服务，为群众和企业带来了便利，也进一步强化了行政审批制度改革的外部监管。此外，河池市提出搭建投资项目在线并联审批监管平台，促进投资项目快落地、早开工。截至 2016 年 12 月 31 日，全市通过平台申报的项目（含核准和备案类）共 1305 个，总投资 1271.71 亿元，在进一步规范投资环境的同时，也增强了政府对并联审批的监管力量。

三、思考和启示

自 2013 年以来，河池市在行政审批制度改革中取得了重要的突破和成效。通过“减权”削减了部分行政审批事项，实现了政府“瘦身”；通过“放权”将部分权力下放基层部门和社会组织，提高了办事效率；通过“优权”促进了行政审批流程简化和优化，缩短了办事时限，同时也为企业和社会公众带来了更多便利。当然，其改革也具有一定的局限性，河池市改革中得到的相关思考能够为其他地方的改革提供一定的启发，帮助解决现实中的一些问题。

（一）统一行政审批事项管理标准

受制于条块结合的宏观制度框架的约束，在河池市的行政审批制度改革过程中，不同部门、不同地区之间很难有统一、明确的标准和相关规定，从而导致行政审批制度改革的效率和效能难以真正提高。一是不同部门间缺乏统一审批标准。行政审批涉及的相关部门众多，各部门由于具体负责的事务内容不同，其在行政审批事项上的具体规定也各不相同。申报者在不同部门进行报批的过程中，很容易遇到不同部门的行政审批要求材料、审批时限等相去甚远的现象。二是不同地区间缺乏统一审批标准。在缺乏统一性的实践操作流程规定的情形下，河池市同一审批行政部门在不同地方的办理要求、办理时限等亦缺乏统一标准，现实中往往出现同类行政审批事项在不同地方的办理流程、办结时间等大相径庭的情况。某些地方行政审批部门甚至要求申报者提供一些并不需要的证明材料，造成行政审批环节烦琐、审批办理时间冗长等问题。类似的问题要得到解决，从长远来看，需要调整我国行政体制中的权力横向与纵向配置；从短期来看，则应当尽快在各部门之间、各地区之间制订统一的标准，清晰规定各项行政审批事项的流程、条件、规则、时限等，以进一步优化行政审批流程、提升行政审批效率。

（二）增强基层部门和社会组织承接能力

行政审批制度改革不仅仅需要削减和下放权力，同时也要保证权力下放后能够从实质上提升行政审批的效率。在河池市的改革过程中，对于一些被下放到基层部门和社会组织的行政审批事项，由于工作人员对政策规定和业务要求不熟悉等，导致责任缺失、监管真空等现象的产生，也延长了行政审批事项办结的时间。此外，在人员、资金、技术等有限的情况下，一些基层部门和社会组织缺乏有效承接下放行政审批事项的必要资源支持，因而在现实中很容易出现没有专门人员开展行政审批业务、资金缺乏、技术支持不足等现象。对于基层部门和社会组织难以有效承接行政审批事项的问题，一方面，需要结合业务培训、纪律考核、监督检查、行为激励等多元化手段，提升行政审批相关工作人员的基本业务水平和工作能力，培养行政机构及工作人员的责任感，杜绝行政机关和工作人员“不作为”的现象；另一方面，对于一些人员、经费、技术等资源不足的基层部门和社会组织，需要为其提供必要的政策和财政支持，以切实增强这些部门和组织对下放行政审批事项的承接能力，确保权力下放后能够“接得住、管得好”。

（三）强化行政审批信用监管与反馈评价

尽管河池市在改革过程中削减和下放了多项行政审批事项，但从改革的结果来看，改革要想真正落实到位还存在一定困难。受部门利益的影响，河池市行政审批制度改革的指标化、形式化仍然存在，权力“削”不到位、权力“放”不彻底的现象仍较为常见。有时下放的仅仅是一些“含金量”不高的行政审批事项，甚至是从未办理过相关审批的“零办件”事项，这种权力下放有时反而会强化一些行政部门的权力，对改革形成更大的阻碍。因此，要进一步深化行政审批制度改革，不能仅仅在数字、指标上下表面功夫，而要从根本上强化行政审批过程中的信用监管与反馈评价，实现“放”与“管”的结合。一方面，要结合守信激励和失信惩戒的方式，建立事中事后的全程监管链条，提高行政审批过程中的违法违规、责任缺位、信用缺失等行为的违法成本，使行政审批机关和工作人员能够对自身的职能和责任有更加清晰的认识，在思想和行为上加强自律；另一方面，要进一步健全社会公众、企业对行政审批制度及改革过程的反馈评价机制，通过及时向社会公开信息、定期向社会收集反馈意见，了解社会公众和企业的真正需求，从而更好地改善和创新工作方式方法，完善行政审批制度。

（四）加强对中介服务机构的监督管理

在行政审批过程中，中介服务机构本来应当发挥好协调、服务、监督的作用，为申报者出具真实可靠的评估报告、认证结论等。但在现实中，由于缺乏严格的监管和行业自律，一些中介机构并不具备相应的提供服务的资质，某些中介机构与行政审批部门还存在着千丝万缕的关系，甚至成为一些部门权力寻租的手段，在评估和认证时，常常出现程序复杂、变相收费、随意拖延等情形。此外，在部门利益的影响下，一些行政审批部门会运用行政权力弱化监督管理，阻碍其他中介机构平等参与市场竞争。这些问题是行政审批制度改革中监督问责缺失的现实体现，也是导致行政审批高效性和规范性难以实现的一大阻碍。为了进一步规范行政审批中介服务，河池市在改革过程中，提出了规范机构运行、建立奖优罚劣制度、实行机构清单化管理、开放中介服务市场等具体举措，这些方式都有助于对中介服务机构的管理。要加强对中介服务的管理，必须注重对已有的中介服务机构资质进行严格审核，全面清理资质不符的中介机构，尤其是对“红顶中介”残留进行彻底清除，以切断中介机构与政府部门之间的权力依附关系，提升行政审批流程的透明度和效率。